MEGALITHS OF BRITAIN & IRELAND

巨石

イギリス・アイルランドの古代を歩く

写真・文▼山田英春

早川書房

INTRODUCTION

石の記憶を辿る

村の外れの荒れ地に、見上げるほど大きな石の柱が並んでいる。山腹の開けた平地に大きな岩をぐるりと置いた不思議な石の環がある。入り江を見下ろす丘の上に大きな岩のテーブルのような石組がある――。苔むして、雨風に削られた、あばただらけの岩だ。誰が置いた岩なのか。近くに暮らす人たちも知らなかった。彼らの曾祖父の曾祖父のそのまた曾祖父が生きた時代より遙か昔から岩はそこにあったからだ。

あまりに大きな岩なので、人間の仕業ではあるまい、ずっと昔、ブリテン島に住んでいた巨人たちが置いたものに違いない、これは巨人が輪投げ遊びをした跡、煮炊きをした跡、テーブルとして使っていたものなのだ――そう言われていた時代があった。岩の下には妖精が棲む世界が広がっていて、夜な夜な岩の周りに現れるのだと言われていたこともあった。

だが、岩は人間が置いたものだった。彼らの天地創造の物語よりもずっと古く、今から四〇〇〇年から五〇〇〇年以上も前に生きた人間たちによって置かれたものだった。

森で鹿や猪を追い、細かく見事に仕上げた石器を使っていた人たち、農耕を始め、家畜を飼い、銅と錫とで青銅器を作ることをおぼえた人たちによって造られた施設の名残だった。

このようなものがイギリス＝ブリテン島とアイルランドには数えきれないくらいたくさんある。なんのために置かれた岩なのか――。遺跡にはかつて土に覆われた墓だったものがある。長い年月の間に土が流れ、骨組みだけが残ったのだ。だが、岩を円形に並べたもの、延々と直線状に並べたもの、奇妙な模様を彫りつけたものなど、遺跡は我々には意味や用途のわからないもので溢れていた。そこで人々は何をしていたのか、その場所にどんな意味があったのか、ブリテン島、アイルランドのいずれの地でも遙か昔に文化は絶え、その名残りもはっきりと確認できるもの

はない。

　こうした巨大な岩を使った施設が造られた時代は「巨石文化」の時代と呼ばれる。大きな岩には特別な力があると考えられ、墳墓や宗教施設に使ったのだと、おおまかに考えられている。世界各地に見られ、日本にも縄文時代の巨石施設の跡が数多く残っているし、今でも多くの神社などで大きな岩が神聖なものとして祀られている。

　ヨーロッパでは、紀元前四〇〇〇年代から紀元前一〇〇〇年代まで、巨石文化と呼ぶべきものが広く興った。北欧諸国から地中海沿岸まで、同じような形式の巨石を用いた墳墓が作られた。古代の巨石施設はブリテン島やアイルランド固有のものではない。

　だが、ブリテン島やアイルランドほど、巨石の遺跡が密集している場所はない。特にストーンサークルや、石を直線上に並べた列石など、埋葬と直接関連のない、用途のはっきりしない施設はこの地域に集中している。ブリテン島だけでもストーンサークルが一〇〇〇以上、巨石を単独で立てたスタンディングストーンや列石は全部で数千にものぼる。すでに失われたものも多く、おそらくかつては倍以上の数があったと考えられている。数十人でも動かせたかどうかというような、呆れるほど大きな岩を用いたものがあり、完成まで何世代もかかったのではないかというような、途方もなく規模の大きな遺跡もある。なぜ、そんなにも多くの施設を、それほどまでに大きな岩を使って、多大な労力と時間を費やして造ったのか。この地に約四、五〇〇〇年前に生きた人たちは無類の石好き、いや、「石に憑かれていた」人たちだったとしか思えないのだ。


　本書では、彼らを、仮に「巨石人」と呼んでいるが、それは約二〇〇〇年以上もの時間の流れの中で、ブリテン島周辺で巨石のモニュメントを残した人々の総称だ。その姿は依然として謎に包まれている。出土するいくつかの様式の土器などから、担い手は単一ではなく、複数の文化的背景をもった人たちだとみられている。

　巨石文化の興りは、紀元前四〇〇〇年頃、新石器時代初期の農耕の始まりとほぼ同時期だった。定住生活の始まりとともに、巨石を用いた大きな共同墓が造られ、数十世代にわたって同じ場所で

埋葬が行なわれていた。先祖代々の遺骨を納めた巨大な石の室は、祖先の霊を信仰する宗教の儀礼の場所、一種の社だったのではないかとも考えられている。

その後、紀元前三二〇〇年頃から二九〇〇年頃に大きな社会的・文化的変動があったとみられ、ブリテン島を中心にストーンサークルや列石などの新しいスタイルの巨石の施設が数多く造られるようになった。有名なストーンヘンジもこの時代の産物だ。この新しい巨石文化は紀元前二〇〇〇年代半ばに最盛期を迎える。それは後期新石器時代から初期の青銅器時代と一致するが、ちょうどこの頃、底の平たい、ビーカー状の土器を作る人たちが広く登場する。英国史上、彼らは長らく「ビーカー人」とよばれ、大陸から冶金技術をもたらし、古い文化を凌駕した渡来人だと考えられていた。だが、大規模な移民などを示す物的証拠がないことから、現在渡来説はあまり支持されていない。「ビーカー人」の渡来はなかったかもしれないが、大陸とのつながりを示すものは数多く存在する。特に、フランスのブルターニュ、スペインのガリシア地方など、沿岸部との関係は濃厚で、遺品も数多く見つかっている。地中海のマルタ島に残る巨石建造物はストーンヘンジにそっくりだと見る人もいる。さらに近年、ストーンヘンジの近くで、巨石の時代に大陸の深奥部、アルプス地方から来たとみられる人の骨が、豪華な副葬品とともに丁重に埋葬されていたのが見つかっている（38頁）。古代世界の広がり、ネットワークには、未だはかりしれないものがある。

紀元前千年代の前半、青銅器時代が中期にさしかかると、次第に石の文化は廃れ、施設は放棄された。鉄器時代になると、その担い手であるケルト系言語を話す人々は巨石の施設を組織的に使うことはなかった。彼らは巨石人たちの血をひいている可能性があるが、巨石の記憶は失われ、信仰の対象は水源や樹木など他のものに移っていったとみられている。

森林のほとんど失われてしまった、なだらかで、見晴らしの良いイギリスの風景にあって、巨石の姿はとても印象的だ。屹立する石柱は、四、五〇〇〇年前に生きた人々の文化的自意識の萌芽、赤ん坊の最初の発語のように見える。初々しく、創造への意欲に満ちているように感じられる。また、岩が並んで置かれている様子は子どもの無邪気な戯れのようでもあり、大きな岩の姿、量感、

色や輝きに惹かれた人たちの美意識の産物のようにも見える。数十トンにもおよぶ岩が組み上げられているのを見ると、著しくバランスを欠いた、過剰な情念の産物のようでもあるし、何らかの宿命に向かって突き動かされた悲壮な努力の跡のようにも見える——。遙か昔の人間が残した岩が喚起するイメージは様々だ。

　また、うち捨てられた遺跡の残骸には、巧まざる美術作品のような魅力がある。整然と並ぶ巨大な石の列はさながら大規模な現代彫刻の展示のようだし、平原に点在する苔むした岩を、あたかも巨大な石庭のように見ることもある。考古学的興味とともに、「巨石のある風景」そのものの魅力を画像として残したいという思いがあり、繰り返しブリテン島とアイルランドを訪れ、石の遺跡を巡り歩いた。

　いわゆる巨石文化は紀元前一〇〇〇年代に終焉を迎えるが、巨石信仰は形を変えて人々の生活の中に生き続けた。キリスト教会は、いかにすれば巨石崇拝を止めさせられるかと腐心した。人々は岩には病気を治す力があり、未来を語ると考えた。子宝を授けてくれる力があると考えた。環になって踊っているように見える列石を、神様に罰を与えられた人たちの姿ではないかと考えた。恐ろしい邪教の施設だと考え、土に埋めた人たちがいた。また、ある人たちは、自分たちの祖先の優越性を示す素晴らしい財産だと主張した。そして現在、失われた古代の英知をひもとく手掛かりだと信じ、石の配置と星図を比べる人がいる。巨石のある場所には特別な力があると考える人たちがいる。石の環の中にいると、天空から何かが降りてくるのではないかと待っている人たちもいる——。

　こうした巨石をめぐる数千年におよぶ人間の様々な想念の堆積は、石の表面を覆い、内部に根を張る苔や地衣類のように、今や石そのものと分かち難いものとなっている。それらの全てが大きな意味での巨石文化を形作っていると言ってもいいだろう。本書では古代社会で巨石がどのように造られ、使われたかということに関する様々な説とともに、数千年間にそれぞれの巨石がどのように語られ、想像され、扱われてきたかという、いわば長い「石の記憶」としての巨石文化を、イングランド、スコットランド、ウェールズ、アイルランドと、地域別にたどってみたいと思う。

巨石――イギリス・アイルランドの古代を歩く……目次

本扉写真：ストーンヘンジ。手前は「生贄石」と呼ばれ、かつてはドゥルイドが生贄の儀式に使っていたと考えられたこともある（14頁）
2―3頁――ランディン・リンクスのスタンディングストーン（158頁）
4―5頁――エイヴベリーのベックハンプトンのアヴェニューに残る「アダムとイヴ」と呼ばれる岩（44頁）
6―7頁――エイヴベリーの大サークル。南側の入り口にある巨石。奥に見える民家はパブ「レッド・ライオン」（44頁）
8―9頁――スコットランドのオークニー諸島に残るストーンサークル、リング・オ・ブロガー（186頁）
※本書に収録した写真は、著作権者が明記されているものを除き、全て著者が撮影・所蔵しているものです。

本書で使う遺跡関連の用語を以下に簡単に説明しておきたい。用語は英語、日本語、ケルト系の言葉など、使いやすさを優先しつつ、混ぜながら使っているので、用法に厳密な意味での統一性はない。あくまでも本書の中でのルールと考えていただきたい。

●スタンディングストーン……一つないし少数の岩が、特に規則的な配列もなく立っている場合、こう総称する。単独で立っている岩にあたえられることが多い名前。「長い石」を意味するブリトン語、メンヒルとも呼ばれる。モノリス＝一本の石柱とも呼ばれる。

●列石……岩を規則的に並べたもの。英語でストーン・ロウ。三つ、四つの岩が並ぶものから、延々と数キロにわたって並ぶものまである。最も大規模なものは三〇〇〇もの岩が並ぶフランスのブルターニュにあるカルナックの列石。

●ストーンサークル……環状列石。岩を円周上に規則的に並べたもので、規模や岩の大きさなどは様々だ。世界各地に似たものがある。イギリスやアイルランドの場合、ストーンサークルにはいくつかの種類がある。墓などの周囲に装飾的に岩が配置されたものを除外し、石の環そのものが独立した施設として造られたものが、いわば、「真性の」ストーンサークルだが、これはヨーロッパの巨石文化圏では、ブリテン島周辺にほぼ限られている。

●ヘンジ……円形の土手と堀に囲まれた、古代の祭祀用スペースを指す。巨石文化よりも歴史が古く、ストーンヘンジも、最初は岩を使わない、土塁のみの施設だった。

●ウッドヘンジ、ウッドサークル……木の柱、丸太をサークル状、同心円状に立てたとみられる施設。ヘンジを伴うものをウッドヘンジと呼ぶ。ほとんどは柱の跡が残るのみだが、近年、ノーフォーク地方の海辺で炭化した木のサークルが発見され、シー・ヘンジとして話題を呼んだ。

●ケルン……石を山状に積み上げたもの。墓を覆っているものが多い。英語の発音としては正確にはケァーンが近いが、ここでは日本人に馴染み深い石積みの名、「ケルン」と表記する。

●ドルメン……ブリトン人の言葉で、「テーブル状の岩」を意味する。三つ以上の立石の上に水平な岩が乗っているもので、ほとんどが古代の墓の石室の石組が露出したものだ。コーンウォール地方、ウェールズではクォイト、クロムレクとも呼ばれる。

●マウンド、土塁……土を盛り上げた古代の施設。多くは墓を覆っているが、単に土を高く盛ったものもある。

●石室墓……遺骨や遺骸を単に土や石で埋めるのではなく、石室に遺骨を安置し、上から土やケルンで覆っている墓のこと。

●長塚墓……ロング・バローと呼ばれる、長いマウンド状の共同墓。数世紀間使用される例が多い。

●円墓……ラウンド・バローと呼ばれる、円形のマウンド状の墓。青銅器時代に入ってから作られたスタイルで、ほとんどが個人の墓。

MEGALITHS OF
GLAND

イングランドの巨石

耐えがたいほどの畏怖の重圧が
突然、わたしの精神に降りかかってきた――
それは未知なる過去のはるか奥底から放たれた畏怖、
あのよるべなき家族という石群を初めてみたときのことだ。
語れ、その大いなる強さと背丈によって
歳月の力をあざ笑うものよ――
傑出した存在にして、他とは離れたところに置かれ、
広大なる石群の環を見下ろすものよ――
語れ、巨大なる母よ！　それを暁へと
重苦しい夜の陰を追い散らす暁へと伝えよ、
雲より出づる月に聞かせよ、
その懇請に応え、英国の大地に
娘たちは、謎めいた円形を描いて姿を現し、
幾人かの人々が考えたように、
無限にして、神聖不可侵なる神をおぼろげに示しつつ、
奢れるものをくじくのだ！

ウィリアム・ワーズワース
1833 年の詩「のっぽのメグと娘たちと呼び慣わされている、
エデン川近くのモニュメント」、北沢 格=訳

写真：エイヴベリーの大サークル（44 頁）

❶ストーンヘンジ……p.14
❷エイヴベリー……p.44
❸デヴィルズ・デン……p.64
❹ロールライト・ストーンズ……p.66
❺デヴィルズ・アローズ……p.74
❻アーバー・ロウ……p.80
❼グリムスパウンド……p.85
❽ファーン・ワージー……p.86
❾グレイ・ウェザーズ……p.87
❿スコーヒル……p.94
⓫イエロー・ミード……p.96
⓬ダウン・トール……p.96
⓭メリヴェイル……p.98
⓮スピンスターズ・ロック……p.102
⓯メリー・メイデンズ……p.105
⓰ボスカーウェン・ウン……p.110
⓱メン・アン・トル……p.112
⓲トルヴェン……p.115
⓳ラニョン・クォイト……p.116
⓴ハーラーズ……p.118
㉑トレセヴィー・クォイト……p.122
㉒スタントン・ドゥルー……p.124
㉓キャッスルリッグ……p.130
㉔スウィンサイド……p.136
㉕ロング・メグ・アンド・ハー・ドーターズ……p.140
㉖ダッドー・ファイブ・ストーンズ……p.144
SCOTLAND
㉖ Duddo Five Stones
北　海
NORTHUMBERLAND
ノーサンバーランド
㉕ Long Meg and Her Daughters
㉓ Castlerigg
Great Langdaleの石斧工房
湖水地方
カンブリア
CUMBRIA
㉔ Swinside
ノース・ヨークシャー
NORTH YORKSHIRE
❺ Devil's Arrows
ヨーク
アイリッシュ海
ピーク地方
❻ Arbor Low
DERBYSHIRE
ダービーシャー
ダービー
ENGLAND
WARWICKSHIRE
ウォーウィックシャー
❹ Rollright Stones
オックスフォードシャー
OXFORDSHIRE
オックスフォード
WALES
プレセリ山地
バース&ノースイースト・サマセット
BATH & NORTH EAST SOMERSET
❸ Devil's Den
❷ Avebury
スウィンドン
マールバラ
サーセン石の産地
ストーンヘンジのブルーストーンが
運ばれたと考えられる経路
ブリストル
ブリストル海峡
㉒ Stanton Drew
ウィルトシャー
WILTSHIRE
❶ Stonehenge
ソールズベリー
ロンドン
DEVON
デヴォン
エクセター
CORNWALL
コーンウォール
プリマス
N
イギリス海峡
0
50km
100km

イングランドと巨石

ブリテン島の巨石は完全に西側に偏って分布している。イングランドで遺跡の集中する地域は、最古の年代のサークルがある湖水地方、模様の刻まれた石の多いノーサンバーランドとヨークシャー北部、石灰岩の台地ピーク地方、ストーンヘンジなどがある南部、そして最も遺跡が集中する南西部などだ。それぞれの地域の遺跡には特色がある。

ブリテン島の歴史は様々な民族の流入と混交の歴史だ。イングランドという名の語源はアングル人の国を意味するアングロ・ランドだが、彼らは4～5世紀にブリテン島に侵入してきた民族だ。彼らに土地を追われたブリトン人が、ブリテン島南部の鉄器時代を担ってきた先住民だった。ブリトン人はケルト系の言語を持ち、文化的にもヨーロッパ大陸のケルト人と多くの共通点を持っていたので、長らく大陸から渡来した人々と考えられていたが、近年この定説は崩れつつある。彼らはブリテン島の青銅器時代を生きた人たち、さらには巨石人の子孫である可能性が高い。

紀元前後から5世紀まで、現在のイングランドはローマ帝国（共和国）に征服・統治される。ローマ人が書き残したブリトン人の社会に関する記述にはドゥルイドと呼ばれる祭司が登場し、宗教、学問、政治的権威として、同時に人身御供を行なう「野蛮な」風習のシンボルとして描かれている。ブリトン人が巨石施設を儀式や埋葬などに組織的に使ったという記録や出土品はない。当時その施設の意味、使い方は忘れ去られていた。だが、近代以降、ブリトン人は巨石文化の担い手と誤解され、ドゥルイドはその象徴として脚光を浴びる。考古学的意味ではなく、イメージの歴史の中で、巨石とブリトン人の世界の関係は非常に深い。

ローマ統治が終わり、アングル人、サクソン人の侵入を受け、ブリトン人は現在のウェールズ、イングランド南西端のコーンウォールなどに追われる。侵入者と戦ったブリトン人の英雄物語がアーサー王伝説で、巨石はしばしばアーサー王とも結びつけられる。9～10世紀にはデーン人（ヴァイキング）の侵略がブリテン島を吹き荒れるが、ロールライト・ストーンズの遺跡には石になったデーン人の王の伝説が残っている。

17世紀に清教徒革命が起き、厳格主義が広まると、巨石モニュメントは異教的風習の対象として攻撃されるようになる。安息日破りや享楽的生活を戒める物語の舞台として様々な伝説が生まれ、また一方、この頃から巨石は「輝かしき過去」として賞賛の対象にもなった。

このように、イングランドの巨石は変転激しい歴史の中にあって、忘れ去られ、思い出され、忌み嫌われ、崇拝され、様々な時代に様々な人々によって語られてきた。巨石の立つ場所には、多様な文化的、社会的経験が折り重なって出来た複雑で深い地層がある。

❖ストーンヘンジ……ウィルトシャー

巨石文化の到達点か、大いなる異端か

Stonehenge……Wiltshire, England

「ストーンヘンジ――そこでは驚くほど大きな岩が扉のような形に立てられていて、あたかも扉の上に扉があるように見える。これほど大きな岩をどのようにして立てたのか、なぜその場所に造られたのか、誰ひとり知る者はいない」

一一三〇年、ハンティンドンのヘンリーによって書かれた英国史の中のこの一節が、現在確認されているストーンヘンジについての最古の記録だ。「扉の上に扉」というのは、わかりにくい表現だが、「誰がどのように、何のために」という問いは、九〇〇年近く経った現在も未だ完全な答えを得ていない。

ロンドンから西へ約一三〇キロ、広漠とした、見渡す限り平坦な白亜質の台地ソールズベリー平原に残るストーンヘンジは、世界で最も有名で最も謎めいた古代の巨石モニュメントだ。歴史を通してイギリス人のみならず世界各地の人々の関心を集めてきた。現在、年間実に数十万の人が訪れる。あまりに多くの人が訪れるため、遺跡の内部へ入ることは厳しく制限され、周囲につくられた歩道から距離をおいて見学するようになっている。

初めて訪れた時、離れて眺めたストーンヘンジは、周囲に大きさを比較するものがないためか、意外に小ぢんまりとして見えた。外周部の石組みの一部は建造当時の姿をとどめているが、内部では多くの石がばらばらに倒れ、風雨にさらされている。誰かがここで積み木遊びをして、そのままどこかに行ってしまった――漠然とそんな印象を抱いた。

数年後に二度目に訪れた際、私は遺跡を管理するイングリッシュ・ヘリテージに申請し、中に入る機会を得た。岩に傷をつけたり、上に乗ったりしないという誓約をし、朝早く遺跡の内部に入った。警備員が二四時間監視している。近代以降のストーンヘンジの歴史は破壊といたずら書きの歴史でもある。かつてはハンマーで岩を割り取って記念に持ち帰ることが一般的であったし、一九六〇年代には巨石ひとつに一文字ずつ「BAN THE BOMB」（「核兵器を廃棄しろ」）とペンキで大書されたことさえある。

円形の遺跡の中心から周囲を見渡した。中から見る印象は、離れて見たときのそれとは全く違う。やはり巨石という言葉にふさわしい、呆れるほど大きな岩だ。個々の岩の大きさではエイヴベリーの巨石（44頁）には及ばないが、見上げるほどの高さがあり、直径三〇メートルくらいの小さな円のなかに数十もの巨石が立ち並んでいるので、ともかくその量感に圧倒される。そこには他のストーンサークルにはない、ある種の荘厳さ、威厳ともいうべきものが感じられる。石組みは遠目に見ると何らかの建物の骨組みのようにも見えるが、中に入ると、他のどのような建造物にも似ていない。これまでに見たことのない構造物だということが実感される。「誰がどのように、何のために」という不可解さは一層つのった。

左：夜明けのストーンヘンジ。遺跡の中、南側から見た景色。
次頁：サークルの全体を北側から見た様子。

伝説の中のストーンヘンジ

ストーンヘンジにはそれが建造され、使用されていた時間と同じくらい長い「その後」の歴史がある。それは、人々がこの謎めいた遺跡をどう見、考え、何をイメージしたかという歴史だ。

かつてブリテン島の巨石の多くは巨人伝説と結びつけられていた。ブリテン島の先住民は巨人たちで、巨石は彼らが使ったものだと言われていたのだが、ストーンヘンジもまた、巨人がアフリカからアイルランドに運んだものとされていた。巨人は岩を薬草に漬け、体を擦るなどして治療に使ったのだという。

一二世紀にモンマスのジェフリーによって書かれた『ブリテン列王史』によれば、このアイルランドにあった「石の環」を、ブリトン人の伝説的英雄であるアーサー王の祖父にあたるアウレリウス・アンブロシウスがサクソン人との戦いで命をおとした首長たちを弔う記念碑にするため、有名な魔法使いマーリンに命じて

中世の写本に描かれたストーンヘンジを組み上げるマーリンの姿。マーリン自身が巨人のように大きく描かれている。

奪い取って来たというのだ。マーリンは「特別な装置を使って」、こともなく巨石を現在の場所、ソールズベリー平原まで運び、元の形に組み立て直したと書かれている。

別の伝説によれば、マーリンは悪魔に命じてアイルランドに住む老女の庭から岩を運び出し、たった一晩で今の場所に移しかえたのだそうだ。中世の人たちにとって、ストーンヘンジは人智を超えた驚異そのものであり、魔術師や超人的英雄が活躍する神話的伝承の中で語られることこそふさわしいものだったのだろう。

近世以降もストーンヘンジの作り手をめぐる議論は絶えなかった。ローマ人、ヴァイキング、サクソン人、古代ブリトン人と、ブリテン島にやって来た全ての人種が候補としてあげられた。紀元前三〇〇〇年頃から一六〇〇年頃の、後期新石器時代から初期青銅器時代という建造の年代が特定されたのは、つい最近のことだ。ストーンヘンジはそれぞれの時代に生きた人間の、過去への想像力が及ぶもっとも遠い地点に立ち、願望、畏怖、信仰や歴史観が投影されるものとして存在し続けてきた。

「ストーンサークルについて語るとき、ストーンヘンジから始めるのは、鳥類について語るときにドードー鳥の話から始めるようなものだ」と言った人がいる。確かに、ストーンヘンジは他の巨石遺跡と比べて、際立ってユニークだ。先史時代のモニュメントでこれに似たものはイギリスだけでなく、世界に一つとしてない。なぜこの遺跡だけが突出しているのか。この遺跡にだけ、他の巨石遺跡には使われていない高度な技術が用いられているのはなぜなのか。これはかつてブリテン島全土に広がっていた巨石文化の一つの到達点なのか、それとも「大いなる異端」=ドードー鳥なのか——これらもまた議論の的だ。

❖ストーンヘンジ建造のプロセス

伝説では悪魔が一晩で出現させたというストーンヘンジだが、実際は、この場所は千数百年という非常に長い時間の中で様々な形で使われてきた。巨石モニュメントも数段階、姿の違うものが造られ、現在残っているのはその最終形だ。

ストーンヘンジの変遷は大まかに三段階に分けられる。まず紀元前三〇〇〇年頃、直径約一〇〇メートルの円形の土手と堀＝ヘンジが造られた。北東方向に入り口が造られており、これは最終型まで引き継がれる。

内側の円周沿いには大きさも深さもまちまちな穴（平均すると直径も深さも一メートルほど）が五六個、ぐるりと掘られている。発見者の一七世紀の好古家ジョン・オーブリーの名をとってオーブリー坑と呼ばれるこれらの穴には、木の柱が立てられていた可能性があるが、物的証拠は何も出てきていない。

その約一〇〇年後、第二段階として、円の中に何らかの木造建造物が造られたとみられている。柱の穴の跡が非常に多く北東の入り口付近にも集中しており、ここに天体観測のための木柱を立てたとみる人もいる。この時代は約三〇〇年続いた。

巨石が登場するのは第三段階の紀元前二五〇〇年前後で、この頃には既に近郊のエイヴベリー（44頁）など、ブリテン島の他の場所にはストーンサークルが多く造られていた。

まずブルーストーンと呼ばれる高さ二メートルほどの石柱を二重の馬蹄形に並べた施設が造られる。この岩は南西ウェールズのプレセリ山地から三五〇キロ以上もの道のりを海路などをつかって運ばれて来たものだが、なぜそれほど大変な労力がかけられたのかは、大きな謎のひとつだ。磨くと美しい青緑色をしていて、特別な石として珍重されていたのかもしれないし、作り手はウェールズから移住してきた人たちだったかもしれない。

実際、二〇〇四年にストーンヘンジのごく近くの墓から出土した紀元前二三〇〇年前後のものとみられる七体の人骨は、歯のエナメル質の分析をしたところ、南西ウェールズ育ちであることがわかった。ストーンヘンジに巨石が持ち込まれた時代の人骨であ

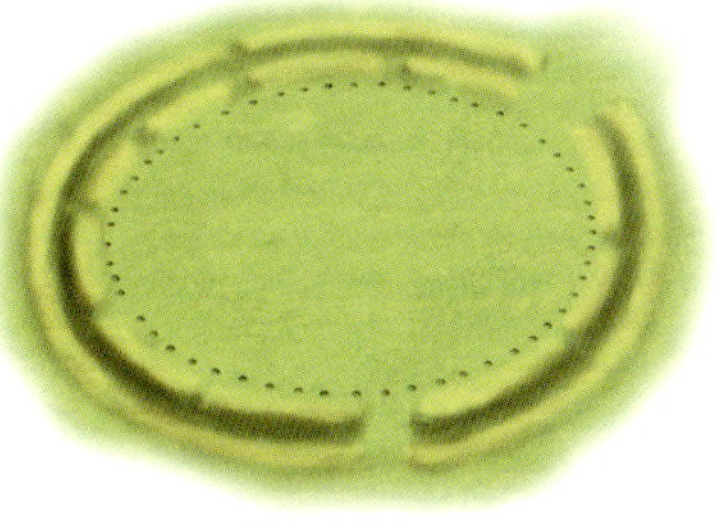

第１段階
土木工事と穴の時代
紀元前3000年頃、円形の土手と堀による囲い地が造られる。内側の円周沿いに56個の穴、「オーブリー坑」があけられる。土手と堀は後の段階でも継承される。

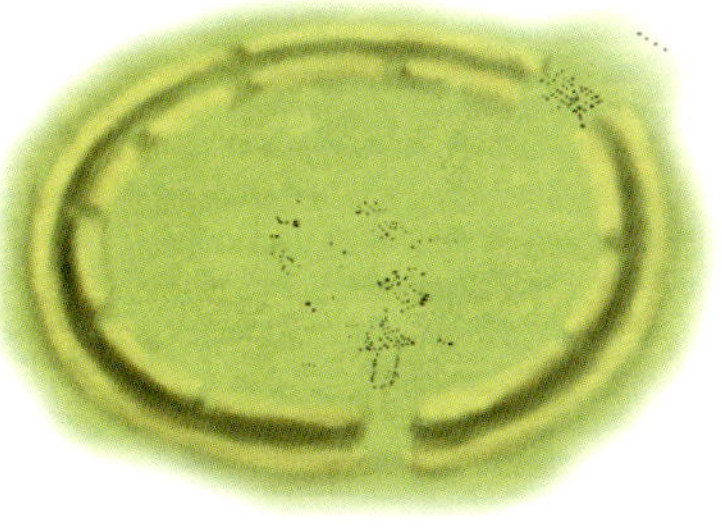

第２段階
木の柱の時代
第１段階の約100年後。木の柱の跡が内部、また、北東の入り口付近にたくさんみつかっている。建物の柱の穴としては多すぎるため、木柱を使った宗教的モニュメント、あるいは天体観測用の目印とするための木柱が立っていたと見る人もいる。

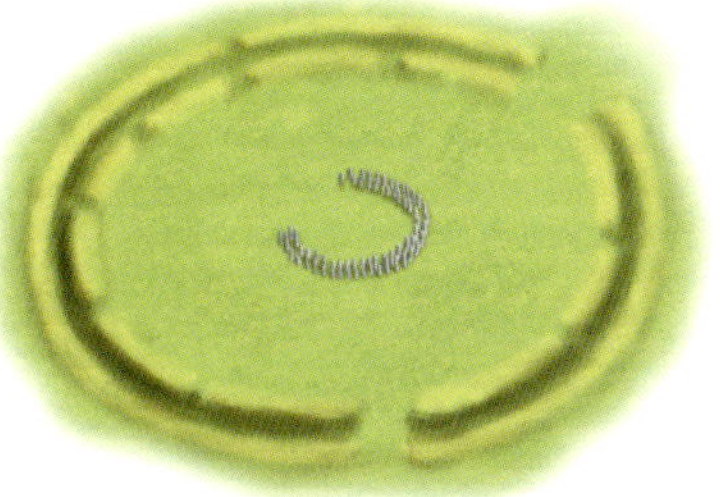

第３段階の初期
ブルーストーンの時代
紀元前2500年頃、350キロ以上離れたウェールズのプレセリ山地からブルーストーンが運ばれ、二重の馬蹄形に配置される。

るため、その人物はブルーストーンの運搬や建造に関わった可能性があるともみられている。その後なぜかこれらの岩は全て撤去されている。

さらに一〇〇年ほど経つと現在の形のモニュメントの建造が始まり、近郊のマールバラ丘陵からサーセン石と呼ばれる巨大な砂岩が運び込まれた。

約二五トンにも及ぶ巨石の石柱が三〇本、等間隔で直径約三〇メートルの円形に並べられ、その上にそれぞれの石柱をつなぐようにして水平に横石（通称まぐさ石）が乗せられた。石は全て四角く表面加工されているが、サーセン石は非常に硬く、青銅器では刃がたたないため、同じサーセン石のボール状の石器で加工されている。大変な時間を要したにちがいない。内部には同じく

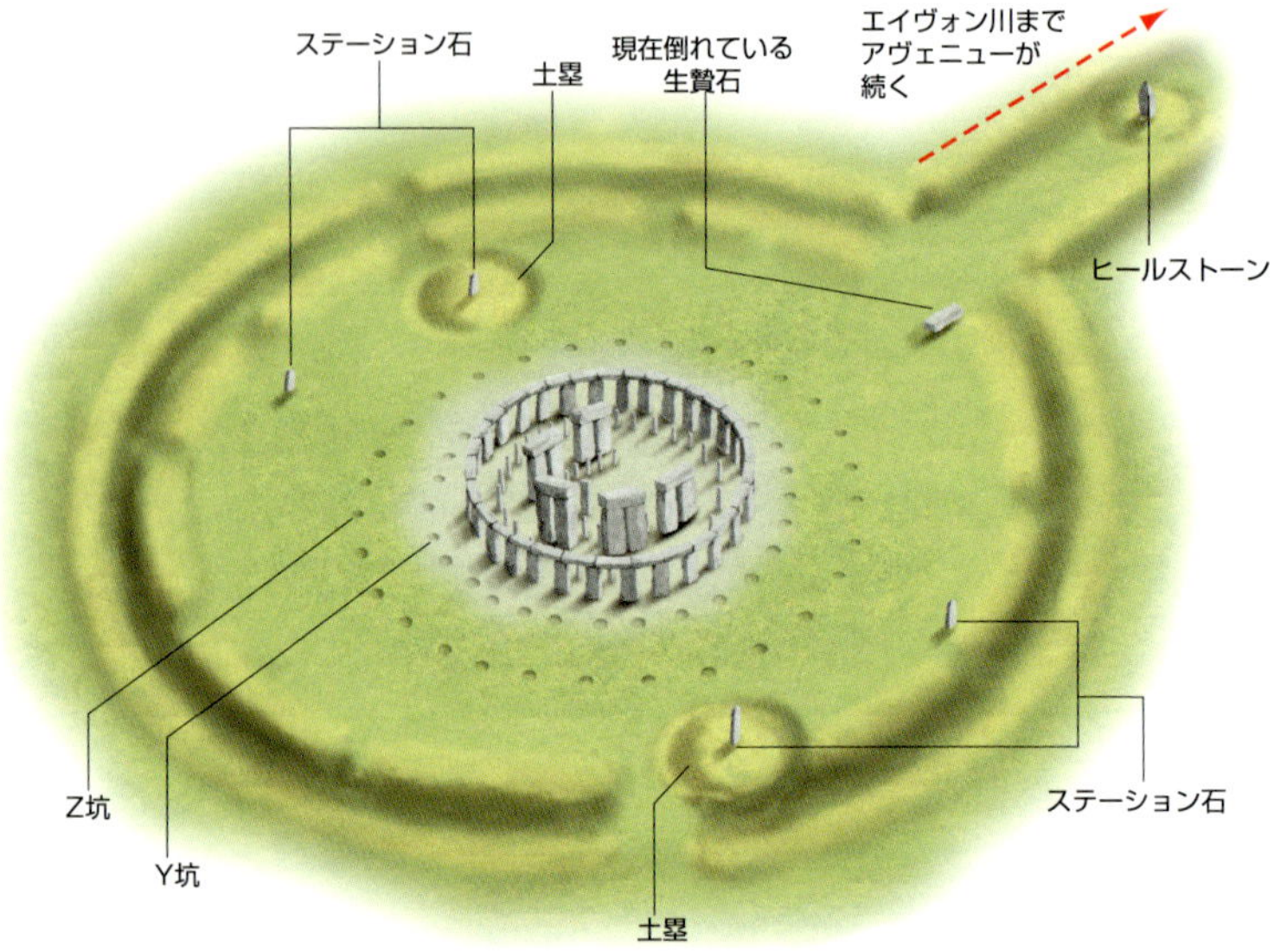

第３段階の最終形：サーセン石の時代

紀元前 2300 年頃〜。巨大なサーセン石が運び込まれ、モニュメントが造られる。アヴェニュー、ヒールストーン、生贄石、内側の二つの土塁、ステーション石、Y 坑、Z 坑など、現在残る特徴のほとんどがこの時代の産物だ。この段階を最後に放置される。未完成に終わったとみる人もいる。

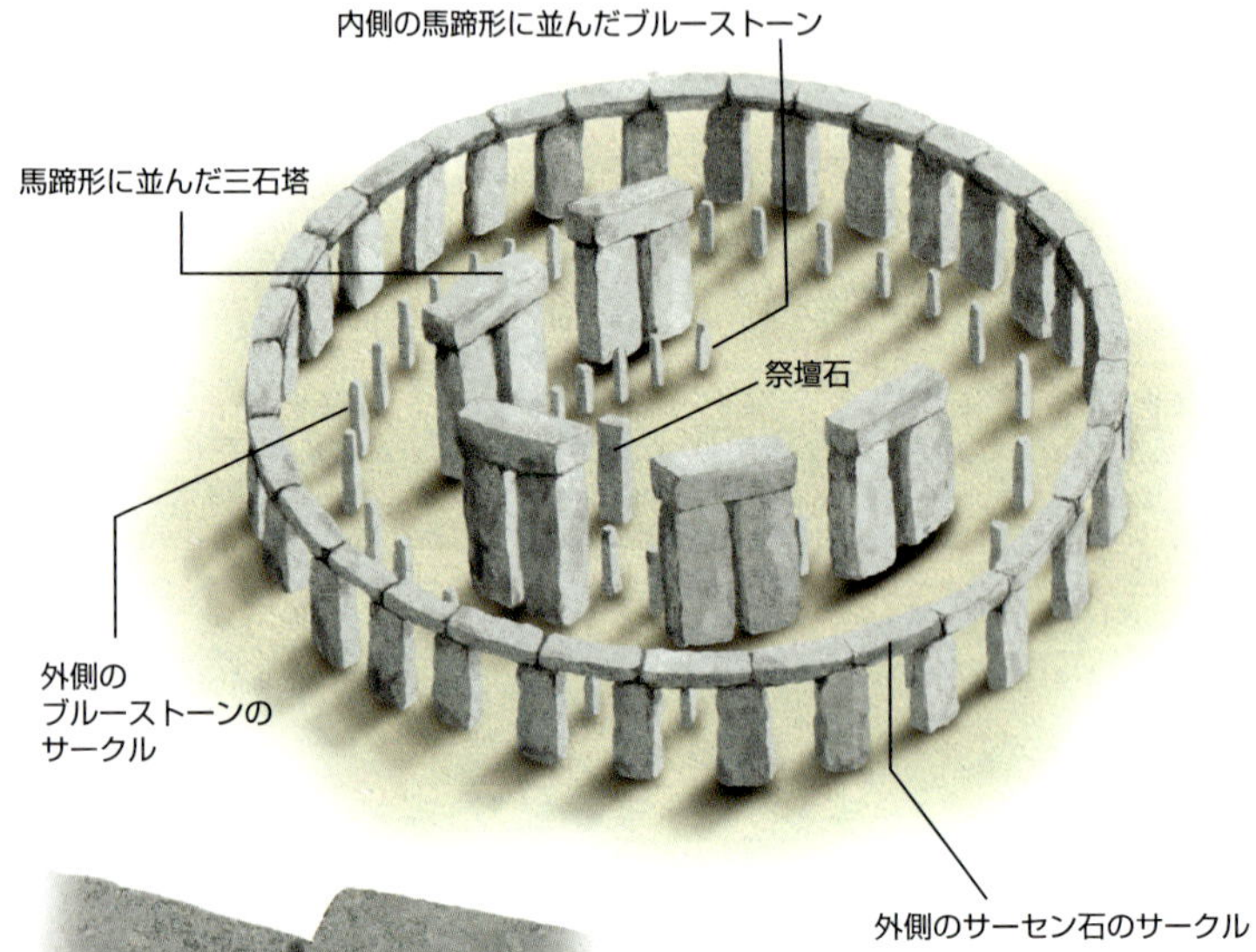

突起と溝を組み合わせ、がっちり接合されていたサーセン石の構造。

上空から見たストーンヘンジ。交通量の多い二本の幹線道に挟まれている。左手の畑の中に延びている筋がかつてのアヴェニューの跡。ブルーストーンを筏で運搬したとみられるエイヴォン川まで延々と続いている。©English Heritage, photo : Sky Eye Aerial Photography

サーセン石の石柱二本の上に横石を乗せた「三石塔」が五組、馬蹄形に配置された。これらに使われている岩はさらに大きく、最も大きな岩は五〇トン近い重量がある。一度は撤去されたブルーストーンが再び持ち込まれ、約五〇〇年ほどの間にあれこれ配置が変えられたあと、最終的にサーセン石のリングの内側にぐるりと六〇個、三石塔の内側に同じく馬蹄形に一九本配置された（現存しているものはごく一部だが）。

　サーセン石は単に並べて組み上げられただけでなく、石同士がしっかりとつなぎ合わされている。石柱と横石とは突起とほぞ穴で、横石同士はジグソーパズルのような凹凸でぴったりと連結していた。さながら巨大なブロック玩具のようだ。こうした技術は同時代の巨石遺跡には他に例がない。石柱は上の方が細く削られた台形をしている。下から見上げたときに高さが強調されて見えるように意図されたものだとも言われる。確かに真下に立って見上げると離れて見るよりもずっと「高さ」を感じる。

　サーセン石のリングの外側には、オーブリー坑のような「穴の環」、Y坑、Z坑が二重に掘られている。穴の数はそれぞれ三〇で、中に岩などを据えた形跡がないため、用途は不明だ。全ての穴に新たに岩を設置する準備をしていたものが途中で放棄された、つまりストーンヘンジは四重の環になるはずだったものが、未完成に終わったのだと考える研究者もいる。

　遺跡の中心から見て北東方向に入口があるが、そこへはエイヴォン川からずっと土手で仕切られた古代の道＝アヴェニューがつながっていて、現在でもその痕跡は残っている。

　ストーンヘンジは紀元前一七〇〇年から一六〇〇年頃に使用されなくなり、以後、廃墟となり現在に至っている。

次頁：南側の外周部と三石塔（左）。中央の背の低い岩がブルーストーン。

❖どのように運び、建てたのか

遺跡の建造年代、岩の産地はほぼ特定されたが、「どのように」建てたかは、今でも議論の的だ。サーセン石の産地マールバラ丘陵とストーンヘンジとの距離は約三〇キロほどで、ブルーストーンが旅した距離と比べれば、ごく短く感じられるが、重量がありすぎて水路は使えない。運搬ルート上には急勾配の丘があり、最も重い五〇トン近い岩を押し上げるには六〇〇人ほどの人力が必要で、仮に全行程を六〇〇人で運んでも、一つの岩を運び込むのに一年以上かかっただろうという試算がある。

岩の運搬には一般的に丸太のコロの上を引く方法が考えられていたが、一九九六年、土木技師のマーク・ウィットビーにより興味深い実験が行なわれた。最も重い三石塔の支柱の岩と同等の重さの岩を、グリースを塗った木のレールの上を滑らせる方法で、一二〇人で動かし、立て、さらに梃子《てこ》を使って横石を引き上げ、三石塔を復元してみせたのだ。石器時代に手に入る道具、材料だけを前提としたこの実験は国営放送＝BBCの全面協力で行なわれ、テレビ放映されたため、大変な注目を集めた。それまで数百人がかりでないと動かないと考えられていたサーセン石を、ごく短いコースとはいえ、ずっと少ない労力で動かし、立てることに成功したのだ。

ただし、この実験に対しては、紀元前二五〇〇年頃の人間は現代人よりもずっと小さく、非力であったはずだという反論もあった。また、彼の実験はあらかじめ切り出して加工された岩を使い、比較的平坦な土地で行なわれたもので、石を切り出し、運び、加工し、組み上げるという作業全体が、どれほどの労力を要するものかという検証がなされたわけではない。

果たして古代人がウィットビーと同じ方法で建造したかどうかは知る由もないが、かつて魔法あるいは悪魔の仕業だと考えられていたことが、思いのほか少ない労力で成し遂げられていたかもしれない。

18世紀、ウィリアム・ステュークリのスケッチを元にしたストーンヘンジ内部の版画。上部に突起のある左端の傾いた石は最も背の高かった三石塔の石柱で、高さ約6メートル、さらに地中に2メートルほど埋まっている。大きく傾いているが、後に立て直された。版画には岩のほぞ、ほぞ穴なども克明に描かれているが、岩の大きさにはかなりの誇張がある。
左の写真は絵の左側部分と同じ場所を別方向から見た姿。三石塔の手前に落ちている岩に、二つの大きなほぞ穴があいているのが見てとれる。

❖ドゥルイドの神殿か

ストーンヘンジにまつわる最も大きな疑問は「何のために？」ということだ。建造に必要な労力が六〇〇人であろうと一五〇〇人であろうと、数十トンもある巨石を何十も運び、石器だけで加工し、立て、岩同士をきっちりつないでいくという事業が世代を越えて行なわれた途方もないものであることに変わりない。いったい何のために、どんな目的でこの施設は造られたのだろうか。それを知るための出土品などの手がかりは極端に少ないが、岩の配置と太陽や月の運行との間に注目すべき関連が見つかっている。

遺跡の中心から見て、夏至の日の朝日は、北東に延びるアヴェニューに沿って、「ヒールストーン＝かかと石」と呼ばれる岩の間際を昇っていく。光はサークル内の祭壇石（現在は倒壊している）と呼ばれる背の高いブルーストーンを照らすように配置されていたとみられている。さながら朝日が通路を進んで遺跡の中に迎え入れられるかのように造られているのだ。他にも施設の堀の内側に置かれた四つの「ステーションストーン」とよばれる岩も月の運行や当時の日没の方角に合わせて配置されているとみられている。

アヴェニューとサークルの中心を結んだ軸が夏至の日の太陽の運行と一致することに初めて気づいたのは一八世紀の研究家ウィリアム・ステュークリだ。彼はこれを古代ケルト社会の祭司ドゥルイドの太陽崇拝の神殿であると考えていた。

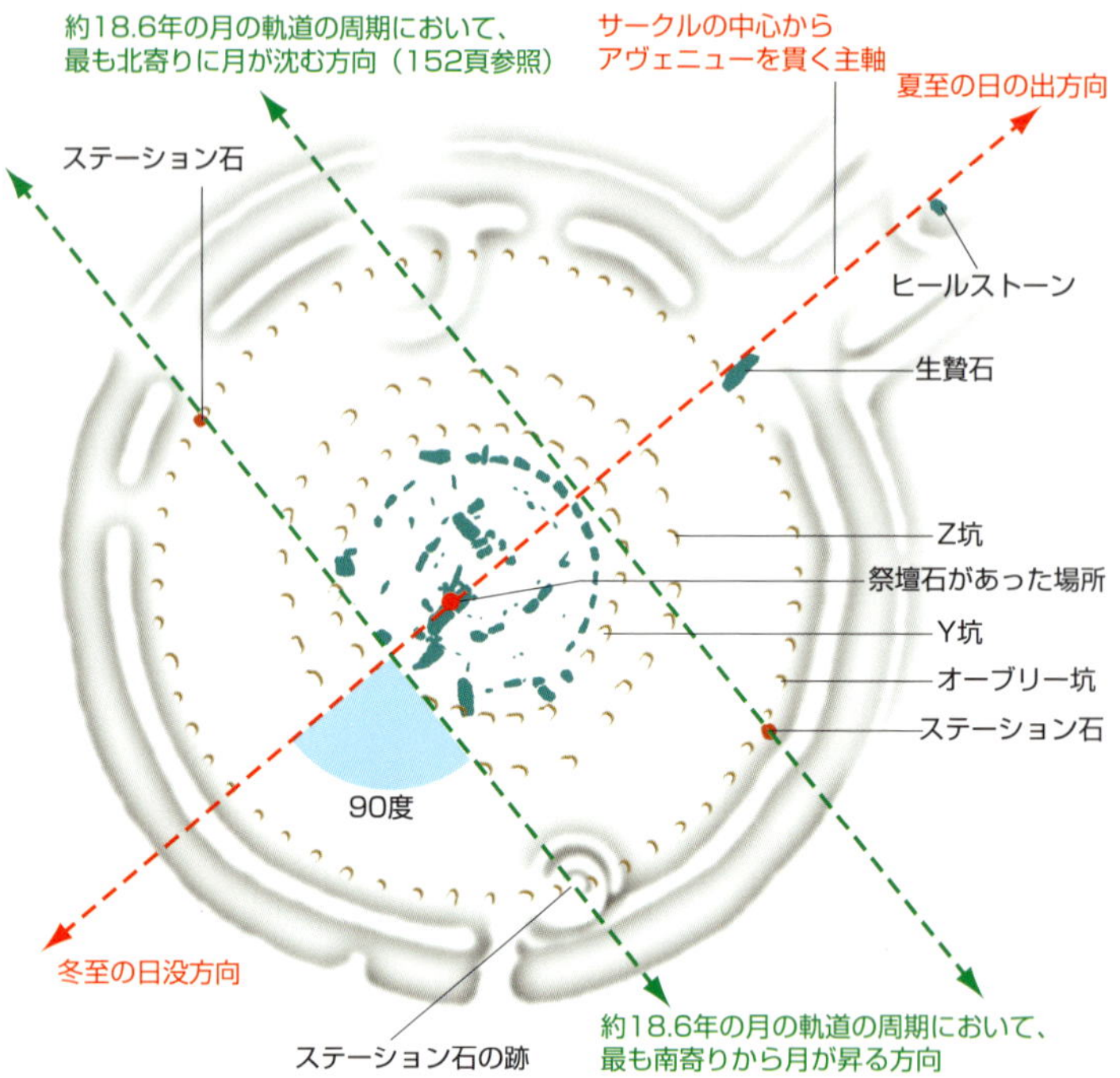

上：ストーンヘンジの石の配置とと天体の運行との関連。下：三つ並んだ外壁の「窓」の中央、遠くに見えるのがヒールストーン。この名は、悪魔が一日でアイルランドから岩を運んだという伝説に由来する。一夜にして見たこともない巨石が現れれば、皆はさぞ驚くことだろうと悦に入る悪魔を一人の修道士が見ていた。これに気づいた悪魔が逃げる修道士に向けて投げた岩が、彼のかかとをかすめたという話だ。

ストーンヘンジ＝ドゥルイドの神殿説を唱えたのは彼が最初ではない。初めて詳細なフィールドワークを行なった一七世紀の好古家・文筆家ジョン・オーブリーもドゥルイド説をとっており、遺跡の古さ、様式からして、ローマ時代以前のブリトン人が造ったものと考えるのが合理的であると、草稿にまとめている。

ブリテン島がローマ化される以前のブリトン人の世界は長らく忘却の彼方にあり、せいぜい未開・野蛮の代名詞のごとく扱われる程度だった。しかし、ルネサンスの波がイギリスにも及びギリシア・ローマ時代の文献が紹介されるようになると、古代ブリトン人の世界が具体的なイメージとして蘇り、知識階級の間で関心が高まる。特に、祭司であり、呪術や占いを能くし、政治的影響力も大きかったとされるドゥルイドたちの存在は大きな興味をもって迎えられた。ドゥルイドが巨石の施設で儀式をしたという記録はローマ時代の文献にも民間伝承にも一切なかったが、ドルメンやストーンサークルなどの巨石遺跡はローマ時代以前、つまりブリトン人の時代のものではないかという考えは徐々に広まっていた。オーブリーの草稿が書かれてから半世紀後、ステュークリはこの説を継承し、さらに独特な形で発展させることになる。

ステュークリはストーンヘンジ、エイヴベリーなどの巨石遺跡で、細かな測量などを含めて綿密なフィールドワークを繰り返し、記録した。遺跡の状態に関する記録は極めて詳細、客観的で、数多くの絵は現在でも一八世紀の巨石の状態を知る上で、大変貴重な資料だ。だが、彼が考えた「巨石の時代」は極めて多くの個人的夢想、フィクションに彩られていた。

彼はブリトン人とドゥルイドは元はフェニキアから「ノアの洪水」の直後に渡って来た人々であるとし、ドゥルイドの信仰は旧約聖書のアブラハムの「家父長的宗教」の流れを汲むものだと考えた。これにより、ヨーロッパの北端にあるブリテン島は一気に聖書の世界の本流部分に直結することになり、ドゥルイドは単なる「野蛮な異教」ではなく、キリスト教と同じ根を持つ、極めて先駆的な文化として解釈されるものとなった。ステュークリは英国国教会の司祭であり、彼の英国固有のキリスト教的正統への確信、愛国心と、古代への非常に強い憧憬が、そのような飛躍を生んだのだった。彼は自らをドゥルイドの伝統を継ぐ者と考え、自宅の庭に祭壇を造り、「ドゥルイド式の」方法で、死産した自らの子を火葬している。

ステュークリの主張は極端ではあったが、当時全く突飛なものでもなかった。原始的世界を人間の「黄金時代」として賛美し、ローマ化される前のケルト文化を崇高なものとして再評価するムードがあり、ドゥルイドはいつしか「森の賢者」というロマンティックなイメージで扱われるようになっていたからだ。

ステュークリの巨石遺跡＝ドゥルイド神殿説は一七四〇年と一七四三年に刊行された『ストーンヘンジ』『エイヴベリー』の二冊によって大きな反響を生むが、同質の主張をしていた者は他にもいる。ウェールズのアングルシー島の教区牧師ヘンリー・ローランズは、ドゥルイドはノア

ステュークリが考えたドゥルイド像。清貧の隠者のような姿だ。

の近しい子孫であり、ノアの息子のヤペテがその祖父か曾祖父であるとする著書を一七二三年に発表し、ドゥルイドは「真の宗教と慣習」を純粋なまま伝えたのだ、と主張した。

また、バースのテラスハウスなどを設計した建築家のジョン・ウッド親子、特に父親は、バースにはかつてドゥルイドのアポロン（太陽神）信仰の本山があり、スタントン・ドゥルーの遺跡（124頁）はドゥルイドの大学の跡だと考えていた。彼はストーンヘンジの円形のスペースとそこにつながる通路の形を元にバースの街の円形広場を設計したとみられている。

ステュークリが著作を発表すると、自然主義・ロマン主義的傾向と愛国主義が結びついた「ドゥルイド主義」は一気に広まる。ウェールズやコーンウォールなど、アングロ・サクソン化されなかったケルト的伝統の色濃く残る地のナショナリズム、文化的復興運動などをも刺激し、ドゥルイドの伝統の復興と継承を自任するいくつかの結社ができた。これらの担い手の一部は上層階級であり、フリーメーソンやロータリークラブなどとも関連が深く、ウィンストン・チャーチルなども名を連ねていた。千数百年の時を経て復活した「ドゥルイド主義」の中身は、ほとんどがローマ時代の文献に残る記述を拡大解釈し、キリスト教信仰との齟齬を解消した創作の産物で、信者たちは夏至の日の前夜からストーンヘンジで儀式を行なっていた。

一八世紀に入ると「近代のドゥルイド」はさらに多様化し、限りなく拡大解釈されていく。詩人のウィリアム・ブレイクは自らをドゥルイドとみなし、ノアも彼の息子たちもドゥルイドであり、ドゥルイドの神殿は世界中に造られたという独自の考えを示した。湖水地方の詩人ワーズワースも自らをケルトの神聖な吟唱詩人バード、あるいはドゥルイドになぞらえていた。

巨石モニュメントはドゥルイドの神殿であるという考えはブリテン島ばかりでなくアイルランド、フランスまで、広く深く根付いていき、これによって各地に新しい伝説が数多く生まれる。本書で紹介していく様々な遺跡にドゥルイド関連の言い伝えが数多く残っているのは全てこうした経緯によるものだが、それらは長くても二五〇年ほどの歴史しか持っていない新しい「伝説」だ。

巨石文化が新石器時代から初期青銅器時代のものであり、鉄器時代のドゥルイドとは直接的な関連がないことが判明した後も、巨石とドゥルイドを結びつける傾向は根強く残っている。

「ドゥルイド主義」を標榜する結社・カルトはエコロジスト的スタンスのグループや、オカルトに深く傾斜したものから、古代遺跡とUFOや宇宙人との関連を考えるものまで多種多様だ。現在はケルト世界だけでなく、北欧や東洋の神々、ネイティブ・アメリカンの世界観などをまとめて引き受ける「新異教主義」、ニューエイジと総称される消費社会的な精神主義・神秘主義などとの境界も曖昧になっているところがある。

そうした人たちのほとんどが巨石遺跡を聖地、「パワー」のある場所として重視している。ストーンヘンジで夏至の日の朝を迎えようと集まる人も増え続け、二万、三万という数になった。遺跡の周辺にキャンプし、石の上に登り、火を焚き、歌い、踊り、混沌とした状況になってきた。遺跡保護の観点から、一九七八年にイギリス政府はストーンサークルの内側に入れる人数を制限する法律を制定し、大人数の集会は一切受け付けないことにして現在に至っている。メジャーなドゥルイド団体はこれに抗議し、「自分たちの聖地」で集会を開かせるよう要求している。

左上：1815 年に出版された本に掲載された「ブリトン人の祭典」と題した想像図。三石塔にかけられた蛇の像はステュークリの考えに由来する。こうしたイメージは繰り返し再生産され一般に広く流布し、「歴史的事実」と考えられるほど定着する。
左中：1905 年に行なわれた秘密結社「エンシェント・オーダー・オブ・ドゥルイズ」の集会。長いローブと鎌は「近代のドゥルイド」のトレードマークだ。
左下：ウィリアム・ブレイクが描く古代のアルビオン（ブリテン島）の姿。巨人、太陽と月、そして巨石施設が描かれている。巨石は列石のアヴェニューのつながったエイヴベリーをモデルにしていて、明らかにステュークリの考えた「蛇型」（53 頁参照）のスタイルを踏襲している。アルビオンの巨人伝説と、ドゥルイド主義をミックスしたような絵になっている。
下：1911 年、英『ヴァニティー・フェア』誌の「時の人」シリーズの版画に登場した「現代のドゥルイド」像。背後にストーンヘンジが描かれている。「ドゥルイド・ヘルメティシスツ」という結社のメンバーがモデルと言われる。

❖古代の天体観測所か

夏至の日の太陽がアヴェニューに沿って昇るということは、この遺跡が太陽を崇める宗教施設だという確信を生み、その担い手としてのドゥルイドの存在を大きくクローズアップした。しかし、二〇世紀半ばに遺跡の建造年代が特定され、巨石文化がさらに遠い過去に引き離されると、遺跡の構造と天体現象との関連そのものを深く探り、古代人の科学的知識・世界観に迫ろうとする研究者が現れる。最も大きな議論を呼んだのが、一九六〇年代に発表されたボストン大学の天文学教授ジェラルド・ホーキンスの本『ストーンヘンジは解読された』だ。

ホーキンスはストーンヘンジの石や穴の配置をコンピュータを用いた独自の方法で分析し、それらの全てが天体の運行に関連づけられて配置された高度な設備であると結論づけた。

ストーンヘンジは巨大な天体現象の計算機であり、人々は巨石の窓から天体を観測し、穴に岩を入れたり動かしたりしながら、日蝕や月食が起きる日付まで予測したのだという彼の説は、考古学プロパーからは猛烈な拒絶反応を受けたが、一般人のストーンヘンジへの関心をかつてないほど高めた。「ドゥルイド」という登場人物を介さずとも、ストーンヘンジ＝崇高な古代、失われた英知というイメージは保たれ、研究が「科学的」であることによってさらに補強されることになったのだ。

ホーキンスの大胆な試論はオーブリー坑とサーセン石の石組みを同時代のものと見なすなど、根本的な誤りを含んでいたため、次第に説得力を失ったが、遺跡と天体との関係を探るという分野は発展し続けた。古代の天文学という観点で、もうひとつの特筆すべき存在は同じく六〇年代に発表されたアレクザンダー・トムによる研究だ。

オックスフォード大学の工学教授だったトムは、ストーンサークルを数多く丹念に調べ、測量をし、その結果、ブリテン島のみならず、アイルランドからヨーロッパ大陸の巨石遺跡の建造には〇・八三メートルという共通の長さの単位を用いた形跡があるとみた。彼はこれを「巨石ヤード」と呼び、ブリテン島周辺、さらにはヨーロッパ各地に展開した巨石文化は共通の文化的背景の上に成り立っていたと主張した。

彼はブリテン島だけでなくブルターニュのカルナックの列石など、三〇〇〇以上ものストーン

サークル、列石、スタンディングストーンを実地調査し、サークルの楕円の比率から傾き、岩の配置と天体の運行との関連を調べてデータを積み重ねている。結果、サークルの楕円の軸、特徴的な岩の配置などにいくつかのパターン、共通性があり、夏至、冬至などの日の出や日没、また、月が最も南に沈む方向などに合わせてあることがわかってきた。

ストーンサークルは天体の運行に合わせて設計・配置されていて、古代の天体観測所として機能していたというのが彼の見方だが、こうしたアプローチは現在も様々に検証されており、「考古天文学」という一ジャンルを形成している。専門家の間でも彼の業績を評価する人は少なくない。

上：南側から見たストーンヘンジ。

新たな発見、新たな謎

トムの巨石と天体に関する議論は巨石研究に新たな展開をもたらしたが、「巨石ヤード」という考えを支持する専門家は少なかった。ヨーロッパ各地の巨石文化を一つの価値観を共有する大きな文化圏としてみるのは現実的でないと考えられたのだ。だが、古代世界が非常に広範囲なネットワークをもち、互いに影響をおよぼしあっていたことは、様々な出土品からも確認されている。今世紀初頭、そのことを裏付ける大きな発見がなされた。

二〇〇二年の春、ストーンヘンジにほど近いエイムズベリーの町で新しい小学校の建設にともない、遺跡の発掘が行なわれた。初期青銅器時代の墓の中から、推定年齢三五から四五歳の男性の人骨が発見される。男性は様々な副葬品とともに丁重に葬られていた。中でも目を引いたのは精巧に作られた一対の金製のイヤリング、もしくは髪飾りで、これは同時代の遺跡では他に例のない、ブリテン島で見つかった最も古い金製品となった。

遺骸の周りには射手が使用する革製の手首当てや、鏃《やじり》などが見つかり、この人物は「エイムズベリーの射手」と呼ばれるようになった。さらにすぐ近くからも同様の金の装飾品をもった男性の人骨が発掘された。二体は足の骨に特徴があり、兄弟や従兄弟など、近しい親族であった可能性が高いとみられている。どちらの骨も年代測定により、ストーンヘンジにサーセン石が運び込まれた時代、紀元前二三〇〇年前後のものと鑑定された。副葬品がこれまで発見された同時代の墓でも最上級のものであったため、かなり社会的地位の高い人物、もしかすると支配者ともいえる者ではないかと考えられている。

遺骸の歯のエナメル質の分析により、さらに驚くべきことがわかった。この男性はブリテン島でなく、おそらくアルプス地方で育った人物だということが判明したのだ。装飾品の金もヨーロッパ産、さらに副葬品の銅製ナイフにはスペインと西フランス産の銅が使われていた。

これらの人物が、仮に巨石モニュメントが建造された時代の支配者であったとすると、ストーンヘンジの建造は、中欧から先進的な冶金技術とともに来訪した人たちの指導、もしかすると統治のもとに行なわれたのではないか——。「エイムズベリーの射手はストーンヘンジの王か？」といった見出しのもとに、大変な話題になった。

二人の人物が「支配者」であったという証拠はないが、紀元前二三〇〇年頃のブリテン島南部に、最上級の扱いをもって葬られるような、高い社会的、あるいは宗教的地位をもった人物が大陸から訪れていたということだけは確かだろう。

「エイムズベリーの射手」の発見は古代世界のイメージを大きく変えかねないものだったが、最近の発掘調査によって、ストーンヘンジと夏至の日の祭りという、すっかり定着した感のあるテーマにも疑問が投げかけられている。周辺の住居跡などからみつかる、儀礼的に殺されたとみられる大量のブタの骨を分析すると、全て冬、一二月か一月に殺されたものであることがわかってきた。また、これまでに夏に大きな儀式が行なわれた物的証拠は何一つ見つかっていないのだという。今では、冬至の日こそが重要で、大きな祭典が行なわれたと考える専門家が少なくないようだ。

二〇世紀後半に、遺跡の年代が特定され、建造方法も様々に検証され、ストーンヘンジは神話や伝説の濃い霧の中から少しずつくっきりとリアルな輪郭を現してきたかに思える。しかし、一方で、発掘や科学的分析の結果から、新たな疑問や謎も次々とわき上がってきて、相変わらず我々はこの遺跡に関する理解にはほど遠い地点にいるようにも思えてくるのだ。

四〇〇〇年目の追体験

伝説の巨人から、魔法使い、ローマ人、ヴァイキング、ケルト人と、様々な作り手がイメージされてきたストーンヘンジも、現在のイギリスでは、古代人による、天体観測と関連のある、英国が誇るべき歴史遺産といった共通認識が定着している。

西暦二〇〇〇年、祖先の偉業に敬意をはらいつつ、人類のさらなる発展を祈念する「ミレニアムプロジェクト」が企画された。古代人の行なったことを追体験しようと、三トンのブルーストーンを、人力と木材のみを使って遥かプレセリ山地から三八〇キロの道のりを運ぶというイベントだった。だが、エイヴォン川の河口で岩はあえなく海に落ち、イングランドにすら運び込めなかった。落下点付近にダイバーが潜ってみたところ、驚いたことに同じように海底に沈んでいるブルーストーンをいくつも発見したという。古代人もまた何度も失敗を繰り返したことが確認され、あらためてその情熱に驚嘆することになった。岩はなんとか引き上げられたが（現在はウェールズの公園に展示されている）、予算の関係で計画は頓挫した。ミレニアムプロジェクトは「古代人は八四個、現代人は〇個」と揶揄されて終わった。

夏至の日の朝にサークル内に集まる人たち（60 年代初頭）。夏至の日の祭りは 60 年代後半のカウンターカルチャーの中で一層盛り上がり、世界各地から人が集まるようになる。

三石塔のひとつの下部には青銅の短剣（中央に二つ並んでいる彫刻の左側）と斧の彫りもの（中央部右側と周囲の複数の凹凸）がある。斧の彫刻は他の石にも数多くあり、紀元前 1800 年から 1500 年頃、ストーンヘンジ使用の最晩期のものとみられている。斧は単なる道具ではなく、神聖なもの、特別な力があるものと考えられていたようで、宝物としての石斧も多く見つかっているし、ヘンジの中に儀礼的に埋められた斧もある。斧を太陽、あるいは空の神のシンボルとする風習が北欧やスペインの民間信仰にみとめられるが、それは古代文化の残響であるかもしれない。左の短剣は古代ギリシアのミケーネ文明のものと類似しているとし、両者の関連を論じた学者もいた。

1990 年にイギリスで発行された、天文学の歴史をテーマにした記念切手のシリーズの一枚。古代の天文学のシンボルとしてストーンヘンジが描かれている。ストーンヘンジは古代の天体観測所というイメージが一般的なものとして受け入れられていることがわかる。

次頁：西側の幹線道沿いから見た 8 月初旬の日没。

ストーンヘンジ周辺の遺跡

ストーンヘンジの周辺には巨大なヘンジの跡、居住地跡などをはじめ、同時代の様々な遺跡がある。最も古いものは、現在の見学者用駐車場の場所で見つかった紀元前七〇〇〇年から八〇〇〇年頃の中石器時代の大きな木の柱の跡だ。建物の柱ではなく、トーテムポールのようなモニュメントが立っていたのではないかと考える人もいる。

ストーンヘンジの周辺は白亜質の台地にごくわずかな表土が乗っているような環境だ。地面を靴で掘ると、すぐに真っ白いチョークの層が現れる。ほとんど木が生えていないので、すっきりと地平線が見渡せ、空が広く、「ストーンヘンジ＝天体観測所説」も腑に落ちるような環境なのだが、これは古代の風景そのままではない。ストーンヘンジの第一段階、ヘンジが造られたころ、ソールズベリー平原は森林に覆われていた。農地、牧草地を拓くために木が伐採されると一メートル以上あったとみられる表土は雨水で流失し、巨石が運ばれた初期青銅器時代には、森林のかなりの部分が失われていたとみられる。土地の砂漠化を促した最古の環境破壊の一例ともいえる。古代人は自然と調和した生活を送っていたというイメージがあるが、必ずしもそうとはいえない。

ストーンヘンジ周辺でまず目につくのは円墳群だ。小規模な円形のマウンドが数多く集まっていて、イングランドでもっとも円墳が密集した場所となっている。円墳は初期青銅器時代に特徴的な様式で、個人の埋葬用だ。かつては「ビーカー人」の墓として認知されていた。

ストーンヘンジとエイヴォン川を結ぶ道＝アヴェニューは現在もかすかに残っているが、地上からはよくわからない。この道はブルーストーンを運んだ道そのものではないかともみられているが、わざわざ大回りをして夏至の日の出の方向である北東から遺跡に入るように造られているので、単なる実用の道ではないことがわかる。遺跡に向かう道の右側に墳墓が多く、左側に居住地跡などがあるため、右側は死者の世界、左側は生者の世界として設計されていたとも考えられている。

ストーンヘンジの北方八〇〇メートルほどの場所に、カーサスと呼ばれる直線上に延びた土手に囲まれたスペースがある。ほぼ東西に延びていて、一〇〇～一五〇メートル幅、長さ三キロほどと、非常に大きな施設の跡だ。初めてこの存在に気づいたのはステュークリで、彼はこれを古代の戦車の競技場と考えた。用途ははっきりしないが、同様のものはイングランドにいくつか見つかっている。

ストーンヘンジの北東には巨大なヘンジ＝

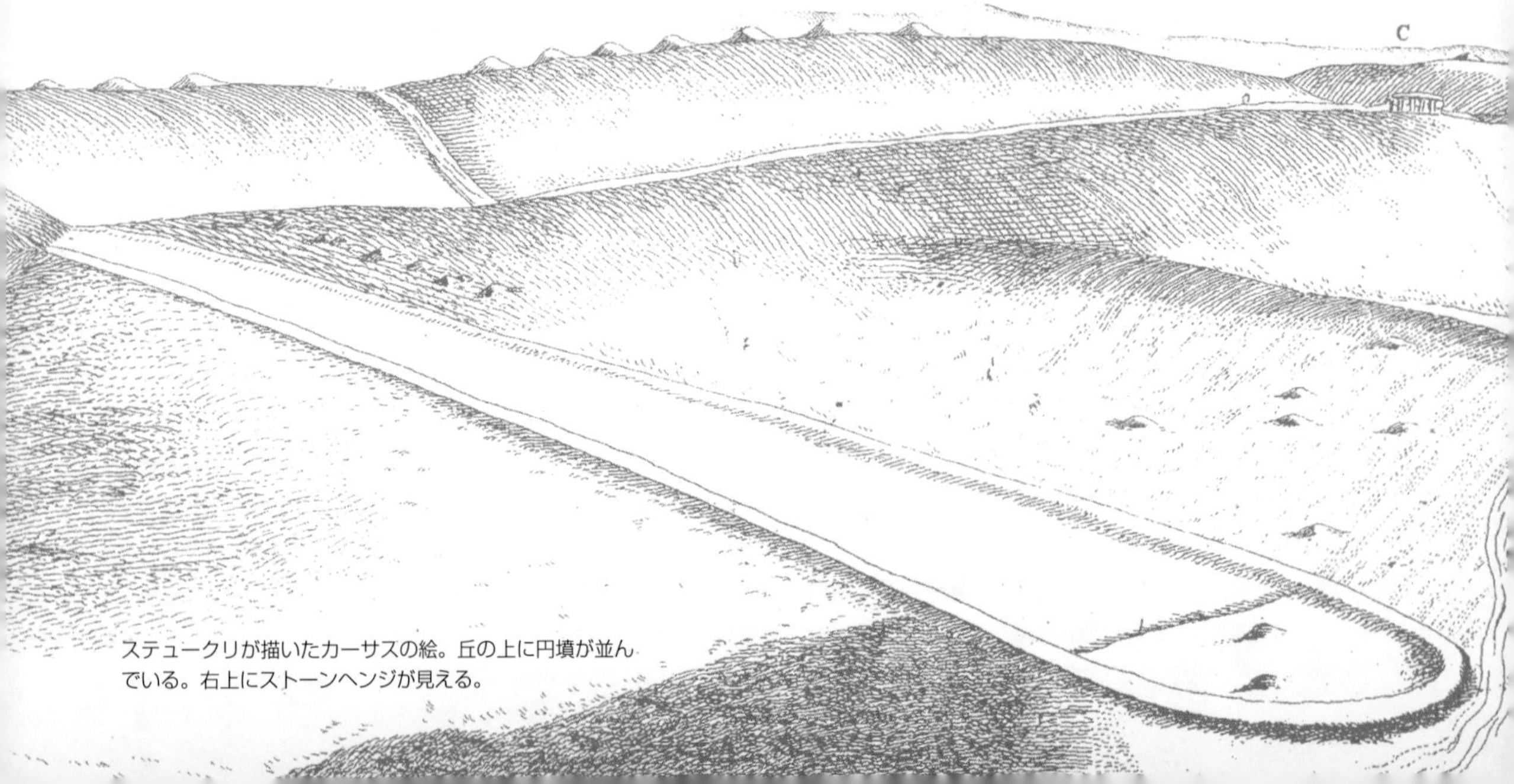

ステュークリが描いたカーサスの絵。丘の上に円墳が並んでいる。右上にストーンヘンジが見える。

ストーンヘンジの北東約３キロの場所にあるウッドヘンジ。柱の穴の跡にコンクリートのポストが立てられている。中心近くからは頭蓋骨を割られた３歳くらいの子どもの生贄の墓がみつかったという。

ドゥリントン・ウォールと、ウッドヘンジと呼ばれる遺跡がある。ウッドヘンジはその名の通り、ストーンヘンジの「木」版ともいえる施設の跡で、一九二五年に撮られた航空写真で発見された。土手と堀＝ヘンジに囲まれた直径八五メートルの土地に六重の同心円状の木の柱の跡が残っている遺跡で、遺跡の入口は北東方向と、これもストーンヘンジと同じ構造になっている。これらの穴に立てられた柱が何のためのものだったかには様々な議論がある。円形の建物の柱の穴だという説もあるが、柱同士の間隔が非常に狭く、多すぎて、合理的ではないという反論もある。木の柱を林立させた宗教施設の跡だとみる人も多い。同様のものの痕跡は他の場所でも見つかっているが、木の柱はそれぞれ、上部を横木で連結してあったとも考えられていて、ストーンヘンジはこの形式を初めて巨石で造った、あるいは造ろうとしたものだと考える人もいる。

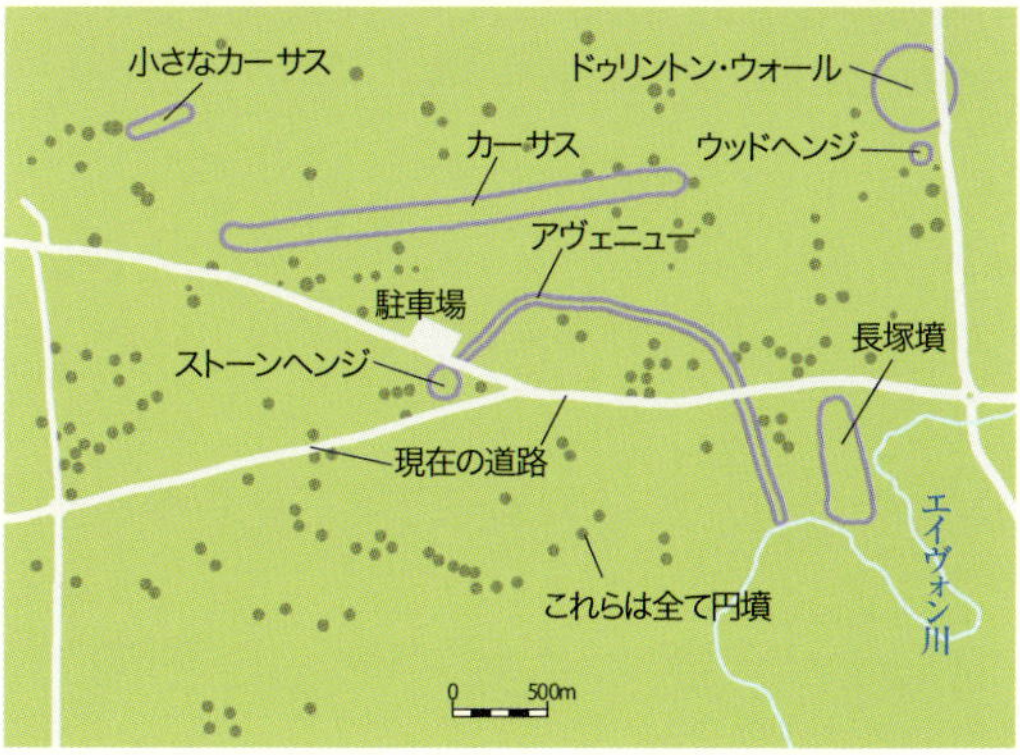

左上：ストーンヘンジの北西にある二つの円墳。
左：ストーンヘンジ周辺の遺跡の配置

❖エイヴベリー……ウィルトシャー

村をのみ込む巨大なストーンサークル

Avebury……Wiltshire, England

「エイヴベリーはかの有名なストーンヘンジよりはるかに大きく、町の教会と大聖堂ほどの違いがある」と記したのは一七世紀の好古家ジョン・オーブリーだ。彼は一六四九年、狐狩りの途中で偶然この遺跡を知ることになったという。彼の時代、この遺跡について知る者は周辺住民以外にはほとんどいなかった。オーブリーの文章を読み、国王がわざわざ見物に訪れたほどだ。この表現は決して大げさなものではない。何もかも桁外れに大きいのだ。

　エイヴベリーはストーンヘンジの北約二六キロの窪地にある、世界最大のストーンサークルを含む巨石の複合施設だ。直径四〇〇メートルを超える円形の土手と堀＝ヘンジに囲まれ、その内縁に立てられたストーンサークルとともにひとつの村をすっぽりとのみ込んでいる。遺跡の中心部に集落があって見通しが悪く、また、あまりに大きすぎるために、その全容は航空写真を見ないとつかみにくいほどだ。

　周囲の土手と堀は直径が大きいだけでなく、高く、深く、そして幅広い。現在でもかなりの高低差があるが、かつては土手が高さ六、七メートル、堀の深さは七から一〇メートルもあったとみられる。堀の下から見上げると、サークルの内側は電柱の高さほど、土手の上までは実に五階建ての建物ほどの高低差があったことになる。サークルの内側を特別な祭祀のための空間として外界から遮断するため、あるいは外の世界に存在する何かが入ってこないようにするための結界のようなものだったかもしれない。石器や鹿の角で掘り、手で土を盛り上げて造られたものだ。車輪のついた運搬用具などはない。大変な労力を要した、おそらく世代を越えて続けられた大工事だったにちがいない。

　この土手と堀によって外界と隔てられた内側は平らに整地されたプラットホーム状のスペースだが、その外周沿いに巨石が配置され、巨大なストーンサークルを形作った。現在、巨石は半分以下しか残っていないが、それでも他の遺跡を圧倒する威容だ。

　大サークルにはかつて九八個の岩が並べてられていたとみられる。岩はストーンヘンジの巨石と同じところから運ばれた「サーセン石」だが、ストーンヘンジのように形成加工されて

エイヴベリーのヘンジとストーンサークルの全景。かつてはもっと多くの家屋がサークル内に立っていた。中央の交差点にパブ「レッド・ライオン」がある。右側が北。©English Heritage, photo : Sky Eye Aerial Photography

いない、自然のままの形で、節くれ立った独特な凹凸がそれぞれの岩に非常に強い個性を与えている。似た形の岩はひとつとしてない。大きなものは重量六〇トンにおよび、近年の発掘調査で実に一〇〇トン近い岩もみつかっている。ストーンヘンジの最も重い三石塔の岩よりもはるかに重いのだ。

大サークルの内側には南北二つの小さなサークルがある。小さいといっても、それぞれストーンヘンジのサークルがすっぽり入るほど大きい。使われている岩も大サークルのものよりもさらに大きなほどだ。さらに、北の小サークルの中にはコーヴと呼ばれる三つの巨石をコの字型に並べたものが、南の小サークルの中には少し小さな岩を直線とU字型に並べた施設が入っている。ひとつのエリア内に巨石文化の様々な要素がそろっていることから、ストーンヘンジではなくエイヴベリーを、ブリテン島の巨石文化の集大成とみる人も多い。

上：1950 年代末にアラン・ソレルによって描かれた、建造当時の遺跡の姿の想像図。

次頁：土手の上からサークルの南側を望む。

右：ステュークリが描いた 17 世紀のエイヴベリーの姿。遺跡の中に木が多く生えている。

エイヴベリーに巨石群が配置されたのは、ストーンヘンジにサーセン石のモニュメントが築かれるより少し前、紀元前二四〇〇年頃とみられている。距離的にも近く、同じ産地の岩を使った施設なのだが、両者の形式は全く違う。

ストーンヘンジは巨石を「部材」として加工し、組み上げた建造物だ。全体的に非常に精緻な造りで、かつて一部の研究者の間に、岩は自然石ではなく石の粉を固めたものだとか、ローマ時代に造られたものだという誤解が生まれたのもわからないではない。綿密に設計され、完成に向けてひたすら労力と時間を積み重ねていった結果という印象がある。

エイヴベリーも巨石を円形、あるいは一列に規則的に並べたものだが、どこか即興的な印象がある。また、ストーンヘンジにはない動感、エネルギッシュな魅力がある。個々の巨石は単に大きな施設のパーツではなく、それぞれが強い主張をもって立っていて、作り手の岩の大きさや形に対する強い関心、岩そのものへの何らかの畏敬の念ともいうべきものが感じられるのだ。

また、現在のストーンヘンジは「建造物の廃墟」といった印象が強いが、より損傷が激しいエイヴベリーの方が今でも部分的に「生きている」かのような印象があるから不思議だ。それは今なお高く深い土手と堀、そして独特な表情を持つ岩の存在感によるところが大きいのだが、両者の違いはとても大きく感じられる。

エイヴベリーの特徴は巨大なヘンジとサークルだけではない。そこにはさらに大規模な巨石モニュメントがつながっている。大サークルには東西南北に入り口があるが、北側、西側の入り口の外には、巨石を連ねた二本のアヴェニューがそれぞれ南東、南西方向に延々と続いているのだ。

大サークルの南西部分。
岩の表面は独特な凹凸で覆われている。

ほとんどの岩が失われてしまった北側の小サークルの岩のひとつ。

南西に延びていたのは「ベックハンプトン・アヴェニュー」で、現在は「アダムとイヴ」と呼ばれる二つの巨石（4－5頁）以外のほとんどが失われているが、南東に二、三キロにもわたって延びる「ウエスト・ケネット・アヴェニュー」には現在も数十の岩が残っている。かつては二〇〇もの岩があったようだ。このウエスト・ケネット・アヴェニューの端にはもうひとつの小ぶりなストーンサークル、「サンクチャリー」がつながっていたが、残念ながら現在は失われており、痕跡だけが残っている。

　このようにエイヴベリーを中心とする巨石の施設だけでも全長数キロにも及ぶ広大な面積を占めているが、すぐ南には巨大な人工マウンド、シルベリー・ヒルがあり、さらに南には初期新石器時代の巨大な長塚型の墳墓、ウエスト・ケネット・ロング・バローがある。サークルの北西約二キロの丘の上には紀元前三七〇〇年頃から使われたとみられる初期新石器時代の集会用の囲い地、ウィンドミル・ヒルがあり、この地域一帯が一〇〇〇年以上にわたって一大宗教センターであったことを示している。

　これほどの途方もない施設が造られた年代と作り手を巡る想像、イメージには、ストーンヘンジの場合と同じような変遷・歴史がある。ただ異なっているのは、ソールズベリー平原に数千年にわたって手つかずのまま残されたストーンヘンジとは違って、エイヴベリーは様々な時代に様々な人々によって破壊されてきたということだ。現在の姿に復元されるまで、巨石の多くが倒れ、あるいは半分土に埋もれていた。

　かつてこれらの施設を悪魔の仕業、あるいは邪悪なものを崇拝する異教の施設の名残と考え、畏れた時代があり、中世にはかなりの数の岩が倒され、土に埋められたとみられている。岩の前に

北側の入口にある巨大なグレート・スウィンドン・ストーン。深夜に「散歩」すると言われていた。

穴を掘り、そこに岩を倒し入れて上から土をかけて埋め込むという手法だが、作業中に不幸にも岩の下敷きになって死んだ者もいた。一九三八年の発掘で、岩の下から男性の人骨が見つかったのだ。カミソリと外科医療器具を持っており、"barber-surgeon"（当時の外科医をかねた理髪師）だったとみられる。彼は一三二〇―五年を示す刻印のあるコインを持っていた。地域の住民ではなく、おそらく偶然立ち寄った際に事故に遭ったとみられている。倒れた巨石はそのまま彼の墓標となったのだ。

期せずして身をもって最初の「記録者」となった理髪師を別にすると、この遺跡に関して、初めてまとまった形で文書に記録を残したのは三〇〇年後の、ジョン・オーブリーだ。彼はエイヴベリーとストーンヘンジは同じ時代に、同じような人たちによって造られたものにちがいないと考えた。エイヴベリーを知ったことが、彼にストーンヘンジもまたローマ時代以前のブリテン島の最古の住民、つまり当時の知識ではブリトン人の造ったもので、ドゥルイドの宗教施設だという考えを持たせることになった。

さらに半世紀以上経って、ウィリアム・ステュークリはこの場所、周辺の遺跡を詳細に調べ、数多くのスケッチとともに記録を残している。彼は大サークル、二つのアヴェニュー、サンクチャリーのサークルをひとつながりとみて、これを巨大な蛇を模したドゥルイドの宗教施設だと主張した。ブリトン人が蛇を崇拝していたと考えたのだ。

ステュークリの時代には現在よりもずっと多くの岩が残っていたが、一七世紀後半から遺跡の中の村の建設などに巨石が使われるようになり、次々と破壊されていく。ステュークリ自身もそうした破壊を目にしている。

北の小サークルの中にあったコーヴ。かつてはもう一つ岩があり、コの字型の囲いを形作っていた。

「石殺しのロビンソン」の異名をとったトム・ロビンソンらが採った方法は、岩の溝にそって火を焚き、十分に熱したところに冷水をかけてひびを入れ、さらにハンマーで割り砕いていくというものだ。巨石を失われた英知のシンボル、貴重な歴史的・宗教的遺産と考えていたオーブリーやステュークリにとって、こうした行為は目を覆いたくなるような蛮行であったが、止めさせる手だてはなかった。破壊はその後も続き、二〇世紀前半にアレクザンダー・ケイラーによって地所が買い取られるまで、数多くの岩が失われた。

ケイラーはサークルやアヴェニューの岩を引き起こし、掘り出し、復元し、遺跡は完全に保存されることになった。発掘調査が行なわれ、堀の下から人骨が出土し、様々な石器、鹿の角でできた道具、また、この地域に複数の文化的背景をもつ人々が暮らしたことを物語る様々な

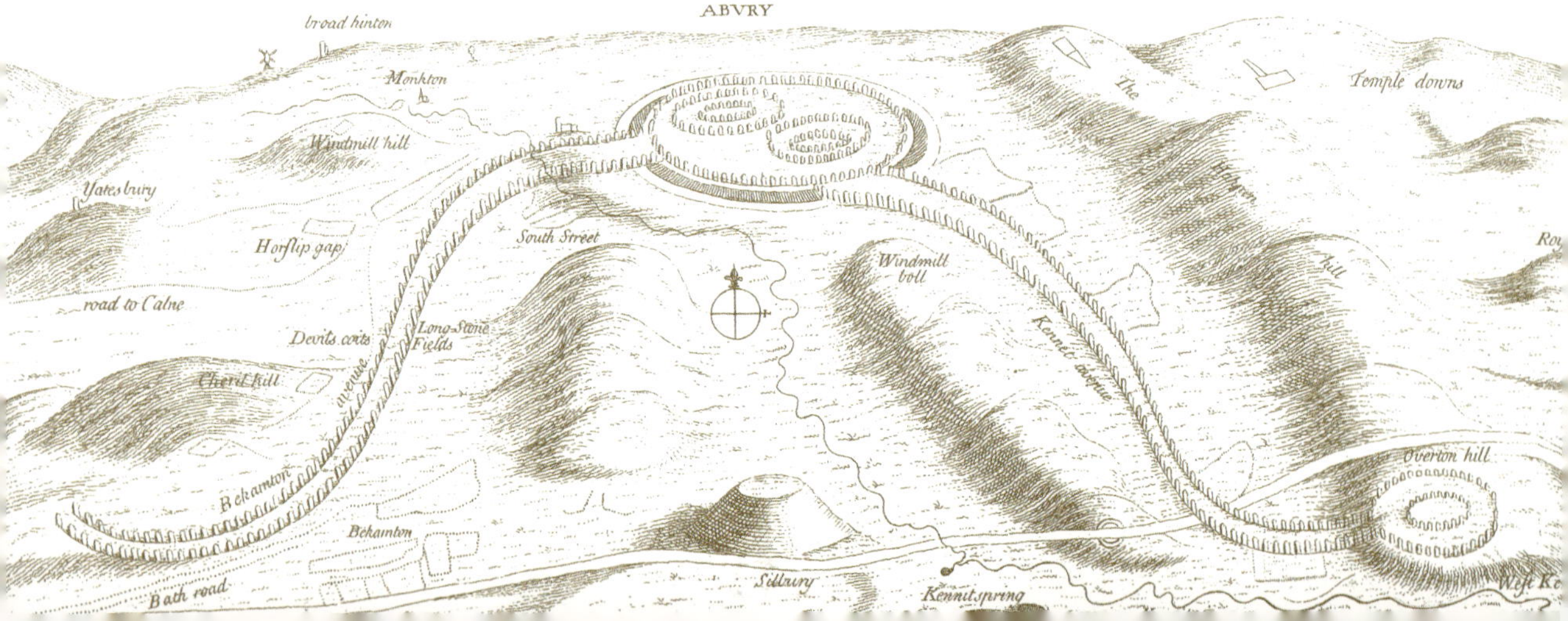

様式の土器などが発見された。
　これだけの規模のものを造る労働力は、農耕を主体とする完全な定住民以外にありえず、遺跡は種まきや収穫などの季節ごとの行事と密接に関わる儀式の場という考えが主流だったが、骨の分析から、担い手の主食は依然として肉中心であり、農耕は未だ本格的なものではなかったこともわかってきて、エイヴベリーに限らず、巨石文化の担い手のイメージを修正することになった。
　エイヴベリーはユネスコの世界遺産に認定されているが、遺跡の中には集落があるし、遺跡そのものが羊の放牧場になっている。東西南北を車道が貫き、車が頻繁に行き来する。集落の真ん中にある古いパブ「レッド・ライオン」には毎週水曜日に大勢のバイク乗りが集まり、大変な喧噪だ。だが、ストーンヘンジのように厳しく管理されていない分、気楽で自由な時を過ごせる良さがあり、遺跡の中に滞在することさえできる。ストーンサークルの真ん中には巨石好きの夫婦が古い民家を買い取って始めた小さな宿があるが、ブリテン島最大の石器時代の遺跡の中心にあり、窓を開けると目の前に巨石が並ぶ環境は他では考えられない。現在、遺跡内の集落を少しずつ減らし、いずれは道路もなくして、全体を保護・管理していく計画があるようだが、「レッド・ライオン」でエールを飲み、気分良く巨石の間をぶらぶら散歩する環境も残しておいてほしいと切に願う。

エイヴベリーと周辺の遺跡の配置。

ステュークリの描いた、「石殺し」の様子。火を焚いて岩を熱した後、水をかけて一気に冷やすという手法で岩を砕いた。

右頁：ステュークリの考えた「巨大な蛇」としてのエイヴベリー、二つのアヴェニュー、そしてサンクチャリー（右下）。ドゥルイドは蛇を信仰していたというのは彼の思いつきにすぎなかったが、後になかば歴史的事実として広く流布されるようになった。

p.54-55: ウエスト・ケネット・アヴェニュー。岩には細長いものとダイヤ型のものの二種あるが、これを男性・女性の象徴と見る人もいる。
p.56-57, p.60-61: 南側の小サークルの巨石。
p.58-59: 南側の小サークルから大サークルの南の入り口を望む。

エイヴベリー周辺の遺跡

エイヴベリー、ストーンヘンジのあるウィルトシャーには古代遺跡以外にも様々に謎めいたものがあり、珍奇なものを嗜好する人々を大いにひきつけている。

イングランド南西部は白亜質の地層だが、丘の斜面の表土を剝がし、チョークの白い地肌を露出させて描いた巨大な白い馬の地上絵が数多くある。うちひとつは作製年代が非常に古いとみられている。

また、この地方は、一夜のうちに麦畑の穂がなぎ倒され、巨大なサークルや複雑な模様が現れるクロップ・サークルが多数できることでも有名だ。クロップ・サークルは八〇年代後半から数多くできるようになり、当初は人に気づかれることなく一晩で人間が作るのは不可能とも言われていたが、多くのサークルをつくったグループが証拠も公表して名乗り出ており、大部分は大掛かりないたずらであることが確認されている。しかし、一七世紀にも同様の現象が起き、「草を刈る悪魔」と呼ばれていたことも知られており、依然として全てが人間の手によるものではないと考えている人は多い。二〇〇五年に訪れたときは、遺跡の隣の畑に非常に大きな、複雑な形のサークルができていた。これを地中の未知のエネルギーによるものと考え、ストーンサークルは古代人がそうしたエネルギーを利用するためのものだと考えている人も少なくない。サークルの中を元気にはしゃぎ回る私の六歳の娘を見て、「確実にエネルギーの作用を受けているな」と真剣に語る人がいた。

この地域で最も謎の多い、不可解な遺跡はエイヴベリーの南約二キロほどのところにある巨大な錐形の土塁、シルベリー・ヒルだ。ヨーロッパ最大の人工マウンドであるシルベリー・ヒルは高さ三九・五メートルにおよび、エイヴベリーの土手や堀と同時期に造られたとみられている。巨大な墳墓だと考えられていたため、一八世紀以降、数回の小規模な発掘が試みられたが成果はなかった。

一九六八～六九年、BBCの番組との連携でマウンドの中心まで掘り進む大規模な発掘が行なわれた。様々な発見が期待され、生中継が準備されたが、番組は成立しなかった。マウンドの中には一切、何もないことがわかったのだ。何のために大変な労力をかけて「単なる土の山」を造ったのか、謎は一層深まってしまった。

この山は谷の底に造られており、上からの見晴らしもよくなければ、遠くからも見えず、ランドマークとしての機能も果たしていない。マウンドの建造そのもの、集団による土木工事の過程そのものに意味があったと考える人もいるようだが、エイヴベリーの巨大なヘンジ、巨石施設造りの大工事に加え、ヨーロッパ

エイヴベリー近郊の斜面に残る「白い馬」これは近世の作とされている。

2005年、エイヴベリーの隣の麦畑に出来たクロップ・サークル。上空から見ないとどのような形なのか正確にわからない。畑の所有者にとってクロップ・サークルは悩みの種だ。多くの人が訪れて、麦を踏み荒らしてしまうことが多い。

ウエスト・ケネット・ロング・バローから見たシルベリー・ヒル

長塚型墳墓の代表的な例である、ウエスト・ケネット・ロング・バロー。墓の入口にサーセン石の巨石が配置されている。ストーンサークルの時代が訪れる前の、共同墓であり、紀元前3500年頃から1000年以上にわたって使われたとみられているが、出土した人骨は40人余分と少ない。

一巨大な土塁を造る大土木工事と、この作業に参加した人たちはどんな暮らしをし、人生のどれくらいの時間をそうしたモニュメント造りに費やしたのか、想像を絶するものがある。

シルベリー・ヒルの山頂には発掘用にあけられた深い縦穴があり、中には「詰め物」がされ、現在登ることは禁止されている。だが、一部の人々の間には、何らかの情報が隠されている、あるいは見落とされているという考えがある。特に、エイヴベリー、クロップ・サークルなどをUFOと関連づけている人たちは、シルベリー・ヒルには古代に地球を訪れたUFOに関する何かがあるにちがいないと考えているようだ。侵入が繰り返し行なわれたが、近年、オランダのUFO研究グループの一員が頂上に登り、「気分がハイ」になる「特製ジュース」を飲み、ラリハイ状態で縦穴の中に二〇メートル転落、翌日ヘリコプターで救出されるという事件が起こっている。

下：ステュークリが描いた、エイヴベリー周辺の風景。左奥がエイヴベリー、中央の山がシルベリー・ヒル、左右にベックハンプトン・アヴェニューが通るが、岩は倒れている。

❖デヴィルズ・デン……ウィルトシャー

悪魔の住処

Devil's Den……Wiltshire, England

エイヴベリーの遺跡群から東へ六、七キロ、赤レンガの街並みの美しいマールバラとの、ほぼ中間点にあたる畑の中に残るデヴィルズ・デンはこの近辺では唯一のドルメンだ。近くにはストーンヘンジやエイヴベリーの巨石群に使われたサーセン石の産地があり、このドルメンにも同じ石が使われている。約三メートル四方、厚さ九〇センチほどの巨大なキャップストーンが二つの小さな岩の上に奇跡的なバランスで乗っている。よくぞ崩れずに残ったものだと思っていたが、一九二一年に一度修復されているらしい。しかし、一八世紀初頭のステュークリのスケッチ（下図）を見るかぎり、形は変わっていないようだ。スケッチでは、ドルメンは小高いマウンドの上に立っていて、付近には複数の巨石が描かれているが、現在、そうしたものは残っていない。起伏のほとんどない、整地された畑のなかにぽつんと立っている。

ウィルトシャーの遺跡には悪魔の名を冠したものが少なからずある。「悪魔の竈《かまど》」「悪魔の椅子」など、かつて巨石が「邪悪な異教」と密接に結びつけられていたことがうかがわれる。ケイティー・ジョーダン『ウィルトシャーの古い民話』によると、「悪魔の住処」というこのドルメンの名は、純白の、燃えるような目を持つ巨大な魔犬がドルメンの下に住んでいるという伝説に由来するという。また、どんなに多くの馬や牛を使っても、キャップストーンは決して動かせない、とも言われてきたらしい。

キャップストーンの岩の窪みに水をためておくと、朝には全てなくなっていると言われる。それは悪魔が夜な夜なやって来ては牛を何頭も使って大きなキャップストーンを引き倒そうとするが、徒労に終わり、たまった水で乾きを癒すからなのだそうだ。この間も、やはり白い魔犬が見張りをしているのだという。

純白で真っ赤な目や耳を持つ犬は、悪魔というより、異界に住む一種の妖精のようなものとしてブリトン人の伝説に登場する。中世に編纂されたウェールズの伝説集『マビノギオン』の最初の物語には、ダヴェドの大公プイスが異界の王アラウンの不思議な猟犬を見て驚く場面がある。

「体の毛は輝く純白、耳の部分は真紅。まばゆい白さで体全体が輝くように、耳の真紅もまぶしく輝いていた。」（中野節子訳）

魔犬伝説はダートムアにもある。ケルト世界では異界の生きものであったものが、キリスト教化以後、異教の、忌むべき存在へと変質していったのかもしれない。

❖ロールライト・ストーンズ……オックスフォードシャー

魔と怪奇に彩られて

Rollright Stones…………Oxfordshire, England

オックスフォードシャーに残る「古き良きイギリス」、日本人観光客も大勢訪れる、蜂蜜色の石壁の家並みが美しいコッツウォルズ地方の北の端、チッピング・ノートンとロング・コンプトンの間にあるロールライト・ストーンズは、イギリスで最も知られた巨石遺跡のひとつだ。

ロールライト・ストーンズはスタンディングストーンのキング・ストーン、ストーンサークルのキングズ・メン、崩れたドルメンのウィスパリング・ナイツの三つからなる。どれもさほど大きなものではなく、もっと保存状態の良い見栄えのする遺跡は他にもたくさんある。それでもこれらの巨石が大変に有名なのは、この地が他のどの遺跡よりも魔術や祟りや妖精など、様々な超自然的、怪奇的伝説や逸話に濃く彩られているからだ。

最も有名な巨石にまつわる伝説は次のようなものだ。昔デーン人（ヴァイキング）の王がイングランド征服の野望を抱いて兵を率い、ロング・コンプトンに向かって見晴らしの良い丘の上に出ようとしたとき、一人の魔女が立ちはだかり、こう告げた。

「ここから七歩歩いたところでお前にロング・コンプトンの町が見えたなら、お前はイングランドの王になるだろう」

王は二、三歩歩いて丘の頂上に出ればロング・コンプトンが見えると知っていたので、確信を持って「では間違いなく、私はイングランドの王になるだろう」と言って七歩歩くと、突然地面が彼の前にせり上がり、視界を遮ってしまった。

「七歩歩いて見えなかったのだから、お前はイングランドの王にはなれないよ。そこで固まって石になってしまうがいい」と魔女が叫ぶと、王はキング・ストーンに、王の兵たちはストーンサークルのキングズ・メンに変えられ、それらを隔てる生け垣のようにして魔女はニワトコの木になった。少し離れたところで王への反逆を謀議していた騎士（王のために祈っている家臣たちとも言われる）たちがウィスパリング・ナイツ＝「囁く騎士たち」だと言われている。デーン人の王を石に変えた魔女は一五、六世紀のヘンリー八世の治世に様々な予知能力を発揮したマザー・シップトンだという言い伝えもあるらしい。ヴァイキングの時代とは数百年の開きがあるが、いずれにしてもかなり古い言い伝えのようだ。

魔女が化けたニワトコは、花が咲く時期に枝を折ってもし血が流れたら、痛みで魔女の呪いが一瞬解け、キング・ストーンの首が動くと言われていた。近隣の人々はかつて夏至の日の前の夕暮れに集って枝を折り、初夏の夜風にあたりながらビールなどを飲みつつ宴を楽しんだという。また、深夜一二時の鐘の音とともに魔法が一時的に解けキングズ・メンは人間に戻って手をつないで空を舞う、または近くの泉まで水を飲みにいくと言われ、これを見た者は気がふれる、あるいは死ぬという言い伝えもある。

また、キングズ・メンの石の数は正確に数えられない、または

左：キング・ストーン。削られていびつな形になっている。

三回数えて三回とも同じ数になったらその者は命を落とすとも、逆に願いが叶うとも言われていた。現在七七個の岩が残っているが、もとは一〇五個の岩が隙間なく並んでいたとみられている。
石には様々に不思議な力があると考えられていた。二〇世紀初頭まで、農家の若い娘たちは収穫期になると、ウィスパリング・ナイツの岩の割れ目に耳を押しあて、岩が彼女たちの未来についてつぶやくのを聞いた。また夏至の日の前の晩にはキングズ・メンの周りを走り回って、石に未来の夫を教えてもらうということが行なわれたという。子宝に恵まれない女たちは夜中にキング・ストーンに裸の胸を押し当てると良いとされていた。またある頃から岩は兵士のお守りとしてもご利益があるとされ、戦地に赴く兵士が岩を削って身につける習慣があった。キング・ストーンが写真のようにひしゃげた、くびれたような形をしているのは、岩のかけらが市場で売られるほど大量に出回った結果だ。
ご利益ではなく祟りがあるという逸話にも事欠かない。岩のかけらをお守りとして持っていったために悪いことが続き、インドでチフスで死んだ若い兵士の話もあれば、一七世紀の領主が岩を自分の家の敷地に移動させ、様々な厄災に見舞われ、命をおとし

岩は地元でとれる石灰岩の一種、魚卵石で、比較的脆い。細かく砕けているため、元は何個の岩だったのかもわかりにくい。

たという話も残っている。岩は運び去るときは馬数頭でようやく動かせるほど重く、元の場所に戻すときは一頭でも楽に引けるほど軽いのだそうだ。

遺跡の地下には妖精の棲む世界が広がっていると考えられていた。キング・ストーンの周りで踊る妖精を見たという話は数多くあり、一九世紀末にこの周辺の伝説を収集したA・J・エヴァンスは母親を魔女狩りで殺されたという老女の証言を載せている。彼女は子供のころ、妖精がキング・ストーンの近くの窪みにあいた穴から出てきて様々な悪さをすることを知り、妖精が外に出てこないように友達と穴を平たい岩で何度も塞いだが、翌朝見てみると必ず岩が動かされて、元通り穴があいていたという。

このように魔術や超自然との関わりの深い場所であるため、二〇世紀後半まで実際に「魔女の集会」が深夜行なわれていた形跡があり、一九七〇年代にはスパニエル犬が、サークルの中での

上：焼失してしまった遺跡の管理小屋ではダウジング用の棒を貸し、指導もしていた。ダウジングは水脈を探す方法として歴史が古いという。日本でも水道管工事に使われている写真を見たことがある。折れ曲がった木の棒、針金を持って歩く方法と、振り子の動きを見る方法があり、針金が動いたり、振り子が特殊な振れ方をしたところに水源などがあると判断するものだ。レイ・ライン（74頁）を探求している人たち、サークルの場所には特別なエネルギーがあると考えている人たちにとっては重要なアイテムだ。私も二、三のサークルで試してみた。何の変化もないこともあったが、コーンウォールのメリー・メイデンズ（105頁）では、何度試してもサークルの中心で針金が開いた。目をつむって歩いても同じ結果で、不思議というほかはなかった。ダウジングは現地に赴かず、地図に触れつつ、あるいは物に触れつつ行ない、ビジョンを得る「霊感」的な手法も、「霊的な存在」に質問をして動きを見るコックリさんのような分野もあり、今やこれを「技術」と呼ぶべきなのかどうか、わけがわからなくなっている。

下：ステュークリが描いた、18世紀の遺跡の様子。全体にどこか陰鬱なタッチで描かれているのは、この地の伝説によるものかもしれない。岩が実際よりも巨大に描かれている。

上：ドルメンの周りで踊る妖精たちのイメージ。19 世紀の絵。
左：ウィスパリング・ナイツ。崩れたドルメンだが、三人の男が頭を寄せ合っているように見えることから、王への反逆を謀議している家臣であるという話がつくられた。岩には風化による窪みや穴がたくさんあいていて、そうした穴に耳をつけて、「岩の予言」を聞く風習があった。

何らかの儀式により殺されていたという。そうした集団の行動を牽制する意味も込めて管理小屋が造られ、日中は管理人が常駐していたが、二〇〇六年一月に放火され、全焼してしまった。サークルの岩が黄色いペンキで塗られるという事件も起きている。

「魔術」は地元の生活の中で、しかも近代以降も一部でリアリティーをもっていたようだ。一八七五年には近くのロング・コンプトンで老女を干し草用フォークで地面に突き刺して顔と胸に十字の切り傷をつけるという猟奇的な殺人事件が起きている。同じ村に住む男が逮捕されたが、男は殺害した老女は魔女で、自分は呪いをかけられていると思い込んでいたという。

驚くのは、一九四五年になってなお、近隣のロウワー・クイントンの村で全く同様の方法での殺人事件が起きていることだ。被害者は七四歳の男性で、動物と心を通じることができる（と言われていた）不思議な人物だったという。魔女の疑いをかけられた可能性が高いと考えられているが、小さな村にもかかわらず捜査は未解決のまま終わった。

現在、キング・ストーンとキングズ・メンはニワトコだけでなく、舗装道路によって隔てられている。相変わらず岩を削る人がいるため、キング・ストーンとウィスパリング・ナイツは柵に囲まれている。遺跡の周囲はすっかり整地され、「妖精が出入りする穴」といった雰囲気はあまり残っていない。

これほど多くの伝説が残っているのは、この地の地学的特質によるものではないかと考える人たちもいる。地磁気の異常などが人間に何らかの影響を与えているのではないかというのだ。レイ・ライン（74頁）研究誌の主宰で、巨石遺跡の場所には何らかの「パワー」があるという考えの牽引役だったポール・ドゥヴルーは、ブリテン島の巨石遺跡の磁気、放射能、超音波などを調べる「ドラゴン・プロジェクト」の中で、ロールライト・ストーンズの調査も行なっている。サークルの中で、地磁気、放射能濃度の不自然なばらつきが計測されたとしているが、それがどのような意味をもつのかは不明だ。夜のサークルで不思議な音を聞いた、不思議な光を見た、訪れた子どもが何の予備知識もなく、「地下の世界に」降りて行く夢を見たといった話は今でも絶えない。

❖デヴィルズ・アローズ……ヨークシャー

「悪魔の矢」はレイ・ラインを射抜くか

Devil's Arrows……………Yorkshire, England

ストーンサークルやスタンディングストーンは、なぜ「その場所」にあるのだろうか。離れた場所にある巨石同士には何か関連性があるのか――。「レイ・ライン」という考え方はこうした「遺跡の位置」をめぐる疑問に答えうるものとして登場し、古代史に関心を持つ人々に多大な影響を与えてきた。

アルフレッド・ワトキンズはアマチュアの好古家だったが、一九二一年、故郷のヘリフォードシャーの地図を眺めていた際、古代の遺跡や土塁や山の頂、あるいは古い教会などがひとつの直線上に並んでいることに興味を持ち、同じような例を地図上に探し求めた。結果、遺跡やランドマークを複数通る「真っすぐなライン」を偶然とは思えない頻度でイギリス各地に「発見」するに至る。調査を進めるうち、それらの直線はブリテン島全体に張り巡らされた古代の道の跡であり、直線上にある古い教会や井戸、十字路、土塁などは古代世界に根を持つ、「選ばれた」地点に残っているものだと、彼は考えるようになった。

彼が着目したのはあくまでも「直線」だった。それは地図上に引かれたラインであり、必ずしも現在の道とは一致しない。山の急な斜面を通るような、歩くための道としては適当でないようなものも多々ある。だが、それが「直線」であることこそが古代の環境においては重要で合理的だと彼は考え、その線を「レイ・ライン」と名付けた。

夏至の日の前夜などに山々で篝火を焚く古い風習（105頁参照）や、「妖精の道は真っすぐに延びる」という言い伝えなどが、網目状に張り巡らされた古代の道のイメージを膨らませたが、この考えはアカデミックな世界ではほとんど評価されることがなかった。彼が一九二五年に発表した著書『古い直線道』はむしろアマチュアの好古家たちの大きな支持をもって迎えられ、そうした直線を探す「レイ・ハンター」たちを多く輩出し、現在に至っている。

ワトキンズはレイ・ラインを具体的な古代の道として考えたが、後に、それらは「地のエネルギー」の通る筋道だと考える人々が現れる。古代人はそうしたエネルギーについて熟知し、活用していたという考えだ。先述したポール・ドゥヴルー

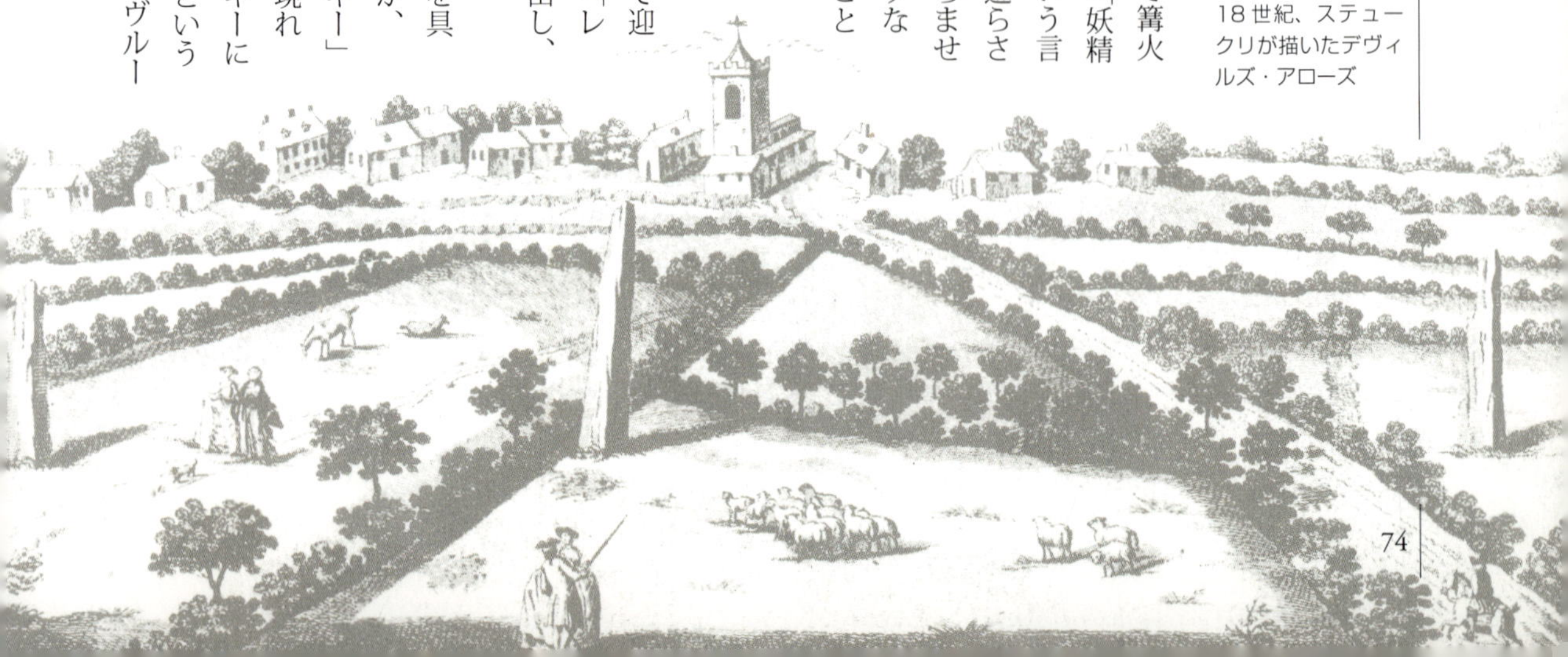

18世紀、ステュークリが描いたデヴィルズ・アローズ

などが遺跡やライン上の電磁波などを計測し、「エネルギー」の実体を捕捉しようと試みた。活断層などとの関連も示唆されたが、明確な答えを得るには至っていない。

　レイ・ハンターたちによって「発見」された直線は増え続け、ブリテン島全土を覆い尽くさんばかりになった。古代の遺跡から山の頂きに向かって歩くと、いくつかの十字路に行き当たる、あるいは古い井戸がある、教会がある、といった具合に、ハンターたちは実地検分において様々な意味ありげなものに行き当たる。これは単なる偶然なのか、ライン上に並ぶもの全てに古代のルーツがあるのか、また、遺跡類が集中した地域で直線を引けば、いくつかが偶然ライン上に乗る確率が高いのではないか——。批判者だけでなく、支持者たちの間でも検証の必要性が高まり、集積されたラインは様々な観点からふるいにかけられた。最も厳しい検証に耐えうるものとして残ったのが、デヴィルズ・アローズを起点とする二つのラインだという。

　ブリテン島のほぼ中央、ヨークシャー北部の町ボローブリッジのはずれに残る三本の大きなスタンディングストーンがデヴィルズ・アローズ＝「悪魔の矢」だ。二つは麦畑の中に立ち、最も背の高い岩は道路を挟んだ木立の中に立っている。三つの岩は直線上には並んでいないが、この遺跡を起点に、北北西方向に二つのヘンジとマウンドを通る八キロほどの直線が、北西方向に四つのヘンジを通る一七キロほどの直線が確認できる。ライン上に並んでいるものは全て古代のものであり、これだけ狭い範囲で直線上に並んでいるのは、偶然ではありえない、明らかに意図的なものだと考えられている。

　デヴィルズ・アローズの岩には独特な存在感がある。それぞれが四〇トン以上と大きく、最も高い岩は七メートル弱と、イングランドで二番目に高い。均整のとれた石の柱は上部に向かって細

く形成されているため、下から見上げると実際以上に高く感じられ、さらに雨水による浸食によって刻まれた幾筋もの溝が岩に天を突くような動感を与えている。鈍色の石柱は磨かれたような肌を持ち、鉛のような重量感を醸し出している。

デヴィルズ・アローズの名は、言葉どおり、これらは悪魔が放った矢だという伝説に由来している。この地がまだブリトン人の王国の一部であった頃、イングランド西部のグラストンベリーから訪れたキリスト教の伝道者とドゥルイドたちが論戦を行なった。ブリトン人の王は伝道者が論戦に勝てば改宗してもよいと約束したが、一人のドゥルイドが非常に雄弁で伝道師は劣勢に立たされる。このドゥルイドは実は悪魔だったのだが、正体を見抜かれて、追い払われてしまった。ブリトン人の国はキリスト教を受け入れたが、怒りの治まらない悪魔が町を滅ぼそうと投げつけた矢が途中で落ちてしまったのがデヴィルズ・アローズだという。

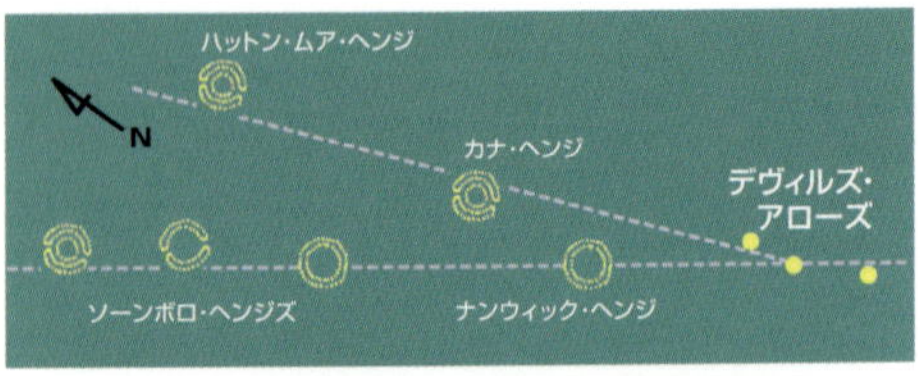

デヴィルズ・アローズを起点にする二本のレイ・ライン

直線上に並ぶソーンボロの三つのヘンジ

企てが失敗したことに落胆した悪魔が首を吊って死んだロープの跡が、岩に刻まれた溝だとも言われているらしい。真夜中に岩の周りを三回回ると悪魔に出会うという言い伝えもある。三はブリトン人の文化では特別な数、魔力のある数とされていた。

一六世紀初頭までは岩は四つあり、うち一つは宝探しによって倒され、壊されて、運び去られたのだという。厳密な確率計算では、疑う余地なく人為的な配置と認められるラインはこの遺跡に関するものだけで、そうなるとレイ・ラインという概念そのものが成り立たないという見方もある。いずれにしても、レイ・ラインから派生した「地のエネルギー、パワー」という考え方は、今や巨石にしっかりと結びつき、定着した感がある。

数年前、岩が立っている麦畑にクロップ・サークルが出来、あらためて超自然的なレイ・ラインの存在を信じる人たちや巨石遺跡とUFOとの関連を訴える人たちの関心をひきつけた。

ワトキンズが測量用の棒を持った古代の測量士の像と考えた、サセックスの地上絵、「ウィルミントンのロングマン」。古代社会では直線道を造る測量士たちが活躍しただろうと考え、これを古代に描かれたその姿と見たが、近年発見された古い文献から、両手に持っているのは棒ではなく鎌、さらにこの人物はヘルメットらしきものをかぶり、顔も書いてあったことがわかり、古代の絵ではなく、ローマ時代の軍神像の名残ではないか、さらにはもっと後代、16～17世紀のものではないかとも言われている。イングランドには他にも作製年代不詳の巨人の地上絵などがあり、様々に議論されている。

❖アーバー・ロウ……ダービーシャー

北のストーンヘンジ

Arbor Low……Derbyshire, England

遺跡を管理している農家の入口の缶に五〇ペンスを入れ、牧草地の斜面を登っていくと、丘の上にボウルに入れた巨大なスポンジケーキのような土塁が現れる。ブリテン島中部、ダービーシャーのピーク地方南部に残るこの遺跡はかつて「北のストーンヘンジ」と呼ばれた。巨石よりも、その見事な土塁の跡に与えられた呼び名だろう。アーバー・ロウという名前は「土塁の丘」を意味する古いアングロ・サクソンの言葉に由来するという。

後期新石器時代から初期青銅器時代の「巨石の時代」は大規模な土木工事、土塁の時代でもあった。中でも、ストーンヘンジやエイヴベリーにあるような、円形の、土手と堀で取り巻いた囲い地は「ヘンジ」と総称されている。コーンウォールからスコットランド北方のオークニー諸島まで広く分布していて、現在確認されているものはイギリス全土で一二〇を超える。直径五、六メートルから五〇〇メートルほどのものまで大きさも様々だ。

ヘンジは主にストーンサークルの少ないブリテン島東部の低地に多い。おおまかにみると、スコットランドの北部を除くブリテン島をほぼ中央で東西に分け、西側がストーンサークルを中心とするエリア、東側がヘンジの多いエリアで、両者を分ける境界線上に、ヘンジの中にストーンサークルがある混合タイプの遺跡がある。エイヴベリーやストーンヘンジがその例だ。

アーバー・ロウも、この境界線上にある混合タイプといえるものだ。堀は幅九メートルで深さが二メートルだが、かつてはもっと深かったにちがいない。中央のプラットホームは五二×四〇メートルほどの楕円で、円周に沿って四六個の石灰岩が並んでいるが、数千年間強い北風にさらされたため、全て横倒しになっている。中央にはエイヴベリーやスタントン・ドゥルーと同じようなコーヴと呼ばれる石の囲いの名残があり、この地は一〇〇〇年以上にわたって祭祀の場所として使われたとみられている。

土手の上からは南部ピーク地方の雄大な眺めが得られる。ピーク地方はイギリス最

19世紀なかばに描かれた石器時代・青銅器時代の様々な土塁、ヘンジ

初の国立公園だ。南部は広大な石灰岩質の高地で、鍾乳洞や地下湖を含む無数の洞窟があり、多くの観光客を集めている。岩石、鉱物資源が豊富で、ブルー・ジョンと呼ばれる青く美しい蛍石の産地としても知られる。巨石遺跡の集中地のひとつだが、巨石人たちもまた、鉱物資源を求めてこの地に移り住んだのだろう。

凸凹や穴だらけの石灰岩は、近隣の表面の浸食された岩床から剥がされ、そのまま使われたとみられている。白く累々と並ぶ様はどこか巨大な太古の生物の骨のようでもあるし、墓石のようでもある。実際、この場所には古の戦いで命を落とした戦士たちが葬られているという言い伝えがあり、幽霊が出ると言われていた。夜になるとバガートと呼ばれる小鬼がうろつくとされ、かつては暗くなってから近づくものは稀だったという。

現在の外側の土手は79×75メートル、高さ2.1メートルで、北北西―南南東の両極に入り口がある。紀元前3000年頃にコーヴ、ヘンジが造られた、数世紀後に別の人々がストーンサークルを造り足したとも考えられている。内側にはさらに後から付け加えられた小さな円墳がある。石柱はちょうど時計の文字盤のように放射状に並んでいるため、かつては太陽の光芒をシンボライズした、もともと横倒しに置かれたものだという見方もあった。一つ完全に倒れきっていない岩があり、現在この考えは支持されていない。

❖ダートムア……デヴォン

荒野に点在する巨石群

Dartmoor……Devon, England

「旦那、誓って言いますがね、わたしゃどんなことがあってもダートムアなんぞに二度と足をふみ入れませんよ。ちらりと見ることだってごめんこうむりますよ。あんなところに好んで遊びに行く人がいるなんて……遊びにですよ旦那、全く考えられませんよ。ダートムアが好きだなんていうのは、どこか心を病んだ人に決まってまさあ」

　というのは、一九〇〇年に書かれたダートムアを紹介する本の中でプリマスに住む男が語る言葉だ。ダートムアはイングランド南西部、デヴォン地方西端に広がる広大な荒野で、面積は九五〇平方キロ、東京二三区の総面積の約一・五倍にもおよぶ。かなりの部分が花崗岩の岩盤の上のわずかな土壌にヒースなどの低木や苔類、小さな草花だけが生えるムア＝荒野だ。

　トールと呼ばれる丘が連なり、それぞれの頂上には露出した花崗岩の団塊が長い年月の浸食・風化によって溶かされ、削られ、砕かれて出来た奇妙な形の岩々が、邪教の伽藍のごとくそびえ、人を食らう魔女や妖精の物語を数多く育んでいる。雨が多く、水はけが悪いため、道を外れるとしばしば泥炭質の湿地に足をとられる。天候が変わりやすく、晴天の中、かすかに顔に二、三滴の雨粒を受けたかと思うと、あっというまに雨合羽なしでは歩けないような天候になってしまう。隣の山の頂上がかすんできたと思

斜面に広がる青銅器時代の住居跡、グリムスパウンド。写真の最奥部に入り口があり、中には住居の土台部分であった石組が多く残っている。

うと、霧がすべるように平原に広がり、数メートル先も見通せないほど真っ白になる——。

こんな風に書くと、「好んで来るのは心を病んだ者だけ」という冒頭の男の言葉もむべなるかなという感じだろうか。ダートムアにはしばしば「不気味な」という形容がつきまとう。魔犬の咆哮が夜の荒野に響き、底なし沼に人が呑まれるシャーロック・ホームズ・シリーズの名作『バスカヴィル家の犬』の舞台としても知られるが、この地には確かに、立ち入りがたい、眺めているとどこか胸騒ぎのするような何かがある。歴史を通して人を拒んできた凄みとでもいうか、この奇景を形成した地質学的時間の厚みに圧倒され、自らも急速に風化していくような、畏れに近いものを感じさせる力があるのだ。

だが、そんな場所に好んで訪れる「心を病んだ」人の数はここ数十年の間に急激に増え、今やダートムア国立公園はイギリス有数の観光地となっている。心を病んだハイカーや心を病んだマウンテンバイク乗り、ロッククライマー、釣り人、心を病んでいるとしか思えない陽気な団体旅行客や家族連れなどが世界各地から訪れ、野生のポニーの群れや珍しい野鳥を眺めたり、ヒースの花咲くムアをのんびり歩いたり、岩山に上って夕日を楽しんだり、静かでゆったりとした非日常を満喫して帰って行く。

厳しくも美しいダートムアの風景に強いアクセントをあたえているのが、荒野に点在する数多くの巨石遺跡だ。ダートムアには巨石が溢れている。ストーンサークルだけで七〇以上、二重、三重の石の列、ケルンやスタンディングストーンなど、数えきれないくらい多い。土地そのものが花崗岩の上に乗っているような環境のため、材料には事欠かなかっただろうし、農地開発などによ

ダートムアの北東部にあるファーン・ワージーの保護林にあるサークル。写真奥に向かって、小さな石のアヴェニューが続いている。

る大規模な破壊も免れてきた。

数千年間立ち続けてきた岩もあれば、泥炭地に沈んでいた遺跡が再発見され、復元されたケースもある。道標として使われたスタンディングストーンもあるし、巨石遺跡の上に修道院が建設され、建物の柱として巨石が使われた例もある。おそらくブリテン島で最も巨石遺跡が密集したエリアであり、主なものだけでも全て見て回るにはかなりの日数が必要になるにちがいない。

巨石文化が栄えた頃は、多くの森林があり、気候もより温暖だったようだ。現在、湿地の多い不毛の荒野からは、人が生き、活動したという「温度」のようなものは感じにくい。荒野を吹き抜ける風にさらされて立ち続ける巨石群は、さながら数千年前の古代文化そのものの遺骨、化石のようなものといえるかもしれない。

ダートムアの北端の町オケハンプトン近郊のサウス・ジール村にあるオクセナム・アームズは12世紀の修道院の建物をベースにした旅籠だ。修道院は巨石遺跡の上に建てられたと言われている。現在、建物の中には巨石が二本、柱として使われており、うち一本はオリジナルの位置のまま動かされていないのだという。

ムアに残る二つの環

ストーンサークルの中でも非常にユニークなのが、グレイ・ウェザーズの二重サークルだ。ダートムアの北東部、ファーン・ワージーの保護林を抜け、開けたムアを一時間半ほど歩いた平原に広がっている。直径三〇メートル強の真円に近いサークルが二つ隣接しているもので、高さ一・三から一・五メートルほどの角張った岩がほぼ等間隔に配置された、非常に均整のとれた美しい姿だ。すぐ近くのスタッフォード・トールの上からみると二つの円がくっきりと草地に映え、手つかずの荒野と完璧な人為の産物が極端なコントラストをなして実に不思議な風景を作り出している。

ウェザー＝Wetherとは去勢された雄羊を指す。岩が遠くから羊の群れのようにも見えることから、他にも同名の遺跡があるが、ここグレイ・ウェザーズには次のような物語がある。

一五〇〇年ほど前、この遺跡の近くに非常に良質な羊を飼う家系があった。その家にはフェリシティという年ごろの娘がいたが、なかなか嫁に行く気配がなく親は気をもんでいた。

あるとき、年老いた羊飼いが亡くなり、家族は新しくジャンという名の若い羊飼いを雇うことにした。ジャンはすぐにフェリシティに惹かれ、結婚を申し込んだ。フェリシティにとってジャンはそれほどの相手ではなかったが、他に意中の者もなく、嫁に行きそびれるのも嫌なので、申し出を受けることにした。

新居が建てられ、屋根に魔女や妖精を除《よ》ける結び目が付けられ、

魔除けのハーブや花が植えられた。披露宴の用意も全て整ったとき、ジャンは道すがら左の肩越しにカッコーの鳴く声を聞いた。これはとても縁起の悪い予兆とされ、ジャンは胸騒ぎがした。

翌日、フェリシティが戸口で一人でレース編みをしていると、ふと、針が折れ、糸巻きが床に落ちた。拾い上げようと屈み、顔を上げると、門口に見たこともない美男が立派な馬に乗ってこちらを見ている。どこかの王子か貴族か、さもなくば悪魔ではないかと思えるような、現実離れした美しさにフェリシティは心を奪われ、そのまま男の馬に乗って何処ともなく去っていった。

残されたジャンは、左側からカッコーの声を聞いたのはやはり凶兆であったと悲嘆にくれ、その後一切の人づきあいを断って羊とだけ日々を過ごすようになった。そんな様子を見て不憫に思ったスタッフォード・トールに住む神様が、ずっと羊たちと一緒にいられるようにしてやろうと、ジャンと羊を石に変えたのが、グレイ・ウェザーズのサークルだという。毎年五月に最初のカッコーが鳴くと、ジャンは一時人間に戻るとも言われている。

サークルの「羊」にはもう一つ逸話がある。他所から来てダートムアで羊を飼おうとしていた金持ちがいた。羊を買いにムアにやってきたが、売りに出されていた羊はどれも質の悪いものばかり。落胆してバーで酒を飲んでいると、自分の羊を買わないかと持ちかけてきた男がいる。ならば見てみようとムアに出て、遠目に放牧中の群れをみると、確かになかなか良さそうな羊にちがいない。喜んで買い取り、金を払い、さらにしたたか飲んで上機嫌で床についた。翌日自分の羊を見に行くが、どこにもいない。あるのは灰色の岩だけで、酔った目が岩を羊と見違えたと知ったが、すでに売った男はどこかに消えてしまったという話だ。

グレイ・ウェザーズは 1909 年に復元されたサークルだ。かつてはほとんどの岩が倒れていた。現在の形がどれほどオリジナルに近いものかはわからないが、ロケーションの良さもあり、ダートムアの代表的な遺跡となっている。
p.90-93 もグレイ・ウェザーズのサークル。p.90-91 はスタッフォード・トールの中腹から見た全体像。

❖恐ろしい罰

スコーヒルのサークルはダートムアの北東の端、かつて胡椒の取引が行なわれていた一九世紀の街並みの残るチャグフォード近くのムアにある。ヒースの生い茂る丘を下ると、古い石橋がかかる清流北テイン川が流れ、川の中にはトルメンと呼ばれる大きな穴のあいた岩がある。美しい、ダートムアの名所のひとつだ。

直径二六、七メートルほどのサークルで、元は一六か一七ほどの石があったようだが、今は半減している。近隣の家の石塀や門柱などに使われた岩も多々あるようだ。損傷が激しいのだが、犬歯のように先が尖った岩が並んでいて、印象的な姿だ。

サークルのど真ん中を農道が貫いているが、現在は使われていない。ダートムアの伝説や民話を集めた書『ダートムアの魔術と民話』（一九六五）によれば、馬がサークルの中を通りたがらず、いらついたり興奮したりするので、迂回しているのだと、近隣の住民が語っていたという。かつてここで生贄の儀式が行なわれていたので、いまだに「血の匂い」がするからだ、あるいはサークルの中に住むピクシー＝妖精を怖がっているからだ等々と言われていたらしい。

生贄云々というのは、一八世紀以降にドゥルイドと巨石が結びつけられて以降に作られた話だろうが、動物がサークルに入るのを拒んだり、避けて通ったりしたのを見た、あるいはサークルの内側と外側で全く違う色の花が咲いていたというような話は、この遺跡に限らず、現在でも後を絶たない。

この本にはもう少し恐い話も載っている。著者のルース・レジェ＝ゴルドンがチャグフォードの年配の男性に「家族に伝わってきた話」として聞いたものだ。「ずっと昔」、チャグフォードでは姦通を犯した妻や、男を騙した身持ちの悪い娘に、この近くの荒野で過酷な償いをさせたというのだ。

まず、近隣の沼に浸からせ、体を洗わせた後、荒野を横断してスコーヒルのサークルに走らせ、サークルの周りを三周させる。さらに北テイン川に下って川の中にあるトルメン石の穴を川底まで這いくぐらせる。そしてさらに荒野を数キロ戻ってグレイ・ウェザーズのサークルに行かせ、岩のひとつの前にひざまずいて許しを乞わせたのだという。しばらくして何事も起こらなかった場合は、懺悔が受け入れられたとして家に帰されたが、「性根の悪い、改心の見込みのない」女の上には岩がゆっくりと倒れてきて潰されてしまうのだそうだ。

男は「だからグレイ・ウェザーズの岩は修復する前はみんな倒れてたのさ。わかるだろ？」と冗談めかして語ったという。聞き手のルースが女性だったので、大げさに脚色して聞かせたのかもしれないが、ルースはこの話に強い

関心を持ち、伝説のルーツはかなり古く、岩にうかがいをたてるという行為はサークルが造られた時代にまで遡れるものかもしれない、と記している。コーンウォールの穴あき石（112頁）と同様、トルメン石の穴をくぐるとリウマチに効くと言われていた。
初めてここを訪れたとき、トルメン石と川底の間に一頭の羊ががっちりはまり込んで動けなくなっていた。ハイキングに来ていた母子が見つけ、私の家族と一緒に全員で角や毛をつかんで引っ張り出した。まさか「罰をあたえられた」雌羊だったわけでもないだろうが……。

トルメン石。ブリトン人の言葉でトルは穴、メンは岩を意味する。

オタマジャクシ型、同心円型

　ダートムアの巨石遺跡の多くは、車道から遠く離れたムアの中にあり、トレッキングコースなどからも外れていることが多い。当然標識も何もないので、訪れる者は地図とコンパスを持って、特徴的なトールなどを目印に歩くことになる。また、イギリスではナショナル・グリッドという独自の地図座標を使っており、マイナーな地図に載っていない遺跡でも、座標がわかれば、地図から、あるいはGPSで場所を特定することができる。

　ダートムア南西部の遺跡群はアクセスのはっきりしないものが多い。ユニークな遺跡が多いのだが、町の観光案内所でも知らないので、訪れた人たちのレポートを頼りにムアを歩くことになる。

　ダウン・トールもアクセスの難しい遺跡の一つだ。山を目印に漠然とムアを歩いて行くしかないので、霧が出ると到達は容易でないだろう。非常に印象的な形をしている。直径一一メートルほどのサークルの中にケルンがあり、さらに中央には石棺がある。そのサークルから南西方向に一六〇個もの石が一列に、三五〇メートルも茫漠としたムアの彼方に延びている。サークルに尻尾がついた、大きなオタマジャクシのような形だ。

　こうした形式はダートムア以外では見られない。サークルと尻尾をつなぐ部分にはひときわ大きな二・九メートルもの高さの岩が立っている。どのような人物が埋葬されたのか、石の列はどのように使われたのか、出土品などの情報はない。

　同じエリアのイエロー・ミードのサークルも、非常にユニークな形の遺跡だ。四重のリングで、一番外側のリングからはアヴェニューらしき列石が続く。巨石文化の最晩期のものとみられるが、長い間泥炭に沈んでいたため、一九二一年に発見されるまで全く知られていなかった。

　最も内側の環は直径約六・七メートル、最も外側の環は直径約二〇メートルほどで、岩は非常に小さい。

丘の上には花崗岩の大きな団塊があるものが多く格好の目印になる。

外側から延びる列石はかつて運び出され、錫採掘の施設の建設に使われたようだ。遺跡の近くのシープストールの山にはピクシー＝妖精の洞穴と呼ばれる洞窟があり、妖精が出て来て人間に害をなさないように針を置いていく習慣があったという。

上：イエロー・ミードのサークル。非常にユニークな四重のサークルだが、最も内側のリング以外はとてもいびつな形をしていて、不思議なことに四つのサークルはすべて中心がずれている。一番小さなリングが造られてからかなり時間が経ってから、三つのサークルが付け加えられたようだ。
左：ダートムアには野生のポニーが数多く棲んでいる。

❖ペストの市場

ダートムアの巨石の特徴のひとつは列石、直線上に並べられた石の列だ。六〇以上もの石の列が残っている。一本のものや列が二重、三重になっているもの、サークルにつながっているもの、ダウン・トールのようにケルンにつながっているものなど、タイプは様々だ。

ダートムア西端の町タヴィストックに近いメリヴェイル＝「喜ばしき谷」の列石はその代表的なものだ。細い小川に沿って、ほぼ東西に延びる石の列が二本、北側の一八二メートルほどのものと南の二六四メートルのものがある。どちらも二重の列石で、小ぶりな岩がそれぞれ一七〇個、二〇〇個ほど並べられている。幅は一メートルほどで、人が二人並んで歩くのもきついくらいだ。石の列の端には大きな岩が置かれ、長い南側の列石の中央部には直径三メートルほどの非常に小さなサークルが組み込まれている。何らかの儀礼において石の列の間を並んで歩いたのか、それとも何か別の用途があったのか、今となっては知る術もない。石の列はプレアデス星団、あるいは大角星に向けたものだという、天文学的な仮説を唱える人もいるが、確証はない。近くにはストーンサークルやスタンディングストーン、墓や住居跡があり、かつてこの場所が複合的な宗教施設だったことがうかがわれる。

ユニークな形状のダウン・トールの遺跡。手前が列石の端についているリング状のケルン。

メリヴェイルの遺跡は小高い平坦な丘の上に展開しているが、道路を挟んで反対側には花崗岩の採石場があり、比較的近年まで採石が行なわれていた。今でも斜面に巨大な穴がぽっかりとあいたままになっている。

ダートムアで最も定着した産業は錫の採掘で、二〇世紀初頭まで数百年もの間採掘が行なわれていた。錫は青銅器作りに必要な鉱物で、この地域に古代遺跡が集中しているのも、この資源によるところが大きい。他にダートムアの産業としては、小規模な農業以外に、銅、鉛、銀などの採掘、または火薬製造、製氷業など、様々に試みられているが、いずれも小規模なもので、継続性はなかった。それら様々な試みの跡は廃墟となってムアに点在し、ゆっくりと風化している。仮に数世紀先、数十世紀先に訪れる者がいるとしたら、煉瓦でできた施設の跡は全て消え去り、目にするのは古代の巨石だけかもしれない。

メリヴェイルは別名「ペスト市場」あるいは「ポテト市場」と呼ばれる。一六二五年、ペスト大流行のさなか、タヴィストックでは実に五二二人が病死した。感染を恐れた人々は他人と接触することを避け、この遺跡を無人の市場、販売所として使った。農家がジャガイモなどの作物を石の上に並べておき、後に買いに訪れた町の住民が代金を残していったのだという。

メリヴェイルの二列の列石。石はどれも小さいもので、「巨石」遺跡とは言いがたいが、列の端には手前の三角石のように大きく、印象的な岩が配置されている。

❖スピンスターズ・ロック……デヴォン

ノアの方舟？

Spinsters' Rock……Devon, England

この遺跡には、三人のスピンスター＝糸紡ぎ女が朝飯前に業者に糸を売って家に帰る途中、転がっていた岩をふざけて積んだものだという風変わりな言い伝えがある。キャップストーンは一六トンもあるが、「まるでトランプの家でもつくるように」軽々とやってのけたという。ダートムアで羊毛産業が盛んだった頃、多くの家で紡績や機織りが行なわれていた。当時の女たちがいかに働き者だったかということを表しているのかもしれない。

スピンスターズ・ロックはダートムア北東の静かな牧草地に立つ、デヴォン地方唯一のドルメンだ。かつては周辺に列石などの巨石がいくつか残っていたようだが、農地拡大にともなって破壊されてしまった。

スピンスターズ・ロックという名前と三人の紡ぎ女の話は、

一八世紀後半の好古家ウィリアム・チャップルによって初めて記録されたものだが、彼はこの名は「視界の開けた観測所、星を見る場所」を意味する似た音のブリトン語が変化したものだと考え、古代人の天体観測所だったという仮説を立てたという。さらに一九世紀半ばには三人の女性の伝説は運命を「紡ぐ」北欧神話の三女神、ノルンたちのことではないかと論じる者もいた。

「怪力の紡ぎ女」伝説以上に奇妙な話は、ある日不思議な老人と三人の息子が丘を下って来て、この石組を造り、去って行ったというものだ。『ダートムアの魔術と伝説』によれば、この三人は旧約聖書の登場人物であるノアとハム、セム、ヤペテの三人の息子である、さらに、三人はここで岩になったという話まであるらしい。なんとも突拍子もないが、こうした物語が生まれた背景があったのも確かだ。

一六、七世紀のプロテスタンティズムの盛り上がりの中、学識のある清教徒たちの間で厳密に聖書の記述に即した歴史観・世界観を作り上げようとする傾向が高まった。イギリス各地に残る巨石遺跡もまた当然、聖書の記述に裏付けられたものでなければならず、様々に考察された結果、巨石遺跡は旧約聖書に描かれる大洪水からさほど時間が経っていない時期に造られたものと、考えられるようになった。

一方で、ヨーロッパの端ともいえる場所にあるブリテン島を、キリスト教の根幹部分に位置づけたいという願望は歴史を通して様々な形で表現されてきた。イエスが処刑された際の血を受けたとされる聖杯、あるいはイエスを突いた「ロンギヌスの槍」がブリテン島にもたらされたという言い伝えもその一例だ。「杯」はケルトの伝説に現れる死者を生き返らせる、あるいは食べ物が無尽蔵に出てくる「大釜」とオーバーラップし、聖杯を探すケルトの王＝アーサー王伝説ができあがった。イエス本人が商船に乗ってブリテン島に来たことがあると考える者も少なくなかった。

こうした願望と厳密に聖書の記述に即した学への探求心が融合し、国粋主義的キリスト教原理主義者の一部は、国内に聖書の記述の具体的痕跡を求めようとした。イギリス人こそが真の選民であり、キリスト教の正統を継ぐものであり、イギリスにこそ新しいエルサレムを築くべきだと考える者が少なくなかったが、さらに進んで、実際にエルサレムはブリテン島にあったのではないか、ノアの方舟はイギリスに漂着したのではないかと考える人たちもいたようで、このスピンスターズ・ロックは方舟の一部であり、近くにある池（！）は大洪水の名残、その横にある土塁は方舟が流れ着いたアララット山であると考えていた人たちさえいたという。ノアと三人の息子という話は、こうした流れの中で生まれ、脚色されたものかもしれない。

ドルメンは一八六二年一月の嵐で倒壊したが、一八五八年に撮影した詳細な写真が残っていたので、正確に復元されたという。

❖メリー・メイデンズ……コーンウォール

陽気な娘たちと作られた記憶

Merry Maidens……………Cornwall, England

コーンウォール地方は、しばしばイングランドの中の「異国」として語られる。五世紀頃、ブリトン人はアングル、サクソンなどのゲルマン系民族によって領土を奪われ、七世紀頃には、スコットランド西南部、現在のウェールズ、イングランド南西部に追いやられることになる。デヴォン地方は後にアングロ・サクソン化されるが、コーンウォールはブリトン人の文化を長くとどめ、独自の言語コーニッシュも一八世紀まで残っていた。キリスト教化した後もケルト起源の民間信仰、異教的風習・心性が生き続け、サクソン人の侵略と戦ったとされるアーサー王伝説が色濃く残る地でもある。

南海岸沿いを、「ブリテン島最古の町」と言われるマラザイオン、ペンザンスを抜け、さらに西へ向かうと、「地の果て」ランズ・エンド地方に入る。集落もぐっと少なくなり、ヒースや苔に覆われたムアや花崗岩の露出した丘が連なる寂寞とした景色が広がる。かつてこの地が錫の採掘で賑わった名残り、採掘場の「エンジンハウス」の廃墟も、今では妖精の住処と言われる。この地である程度以上の時が経過した古いものは、みな伝説的「語り」の世界に引き寄せられていくようだ。

ランズ・エンド地方にはかつて六つ以上のストーンサークルがあったという。現在残っているのはそのうち四つだが、最も知られているのは、ペンザンスの南西約一〇キロの道沿いに残るメリー・メイデンズだ。直径二三・四メートルのほぼ真円に近いサークルには、一九個の大きさも形も揃った石が等間隔に整然と並んでいる。見た目に非常にバランスの良い、きれいなサークルだ。

このサークルを中心に周囲には一〇以上ものスタンディングストーン、石室墓などの巨石群が点在していて、かつては非常に大きな複合施設だった可能性がある。

サークルの場所は非常に見晴らしが良く、遠く北西にチャペル・ケアーン・ブレアとバルティニー、北にカーン・ガルヴァーの丘が望める。チャペル・ケアーン・ブレアには古代の石室墓があり、また、これらの丘の頂上では夏至の日の前の夜に篝火を焚くケルト起源の風習がある。邪悪なものを祓うとされた篝火はかつて

上：コーンウォール地方の古い教会の椅子の裏、天井などには、しばしばキリスト教化以前の異教的なモチーフが見られる。サンクリードの町の古い教会の椅子の背面に彫られたこの三面の人物像はケルトの神像だ。

コーンウォールのいくつかの丘の上で連続して焚かれたが、チャペル・ケァーン・ブレアは「最初の火」を灯す場所であったという。こうした火祭りの起源は古代まで遡れるのではないかと考える人もいる。丘が望める場所にサークルが造られたのにはやはり特別な意味があったかもしれない。

メリー・メイデンズ＝「陽気な娘たち」という名は、日曜日に教会に行かず、踊っていた娘たちに天罰が下った「安息日破り」の言い伝えからきている。遊んでいた娘たちの前に楽士の姿をした悪魔が現れ、演奏を始めた。娘たちが曲に合わせて踊り楽しんでいると、娘も悪魔も雷にうたれて石になってしまったというものだ。近くにBlind Fiddler＝「盲目のフィドル弾き」、Pipers＝「笛吹きたち」と呼ばれるスタンディングストーンがあるが、これらは逃げる途中で石に変えられた悪魔たちだとも言われている。

安息日に踊ったり歌ったりという享楽的な行ないをしたために石に変えられたという話は、イングランド各地に残る言い伝えだが、一六、七世紀のプロテスタンティズムの勃興とともに流布した、新しい伝説とみられている。最も原理主義的で、世俗的な妥協を許そうとしなかった一群は清教徒＝ピューリタンと呼ばれたが、彼らが国教会の内部である程度の力を持っていた時期に、こうした「安息日の戒律破りへの天罰」というストーリーが出来上がったと考えられている。フランスの歴史家アンドレ・モロワはこの時代について次のように書いている。

「清教徒の治世の間、生活は、彼等がそれを統制し得た範囲では、かなり鬱陶しいものであった。彼等はイギリス人の愛好するいろいろの快楽――芝居だとか、競馬だとか、闘鶏だとか、を禁止した。賭博場や女郎屋は取り払われた。日曜には、巡邏兵が街頭を歩き廻って、居酒屋の店を閉めさせた。この日だけは、誰もが、家庭で、聖書を読むか讃美歌を歌うかして過ごさねばならなかった。日曜には、ロンドンの市中では、『教会から洩れる祈禱の声か、頌歌のひびきの外には』、何の物音も聞かれなかった」（『英国史』水野成夫・小林正訳、新潮文庫）

また、メリー・メイデンズ、ナイン・レディーズなど、巨石遺跡に女性が罰せられる逸話が多く残っているのは、女性の本性の一部を悪しきものとする禁欲的なキリスト教徒たちの感覚、あるいはキリスト教化される以前の異教的風習、特に豊穣を祝う儀式における性的な要素などに対する嫌悪、歌舞などの「陽気さ」、快楽を忌避する極端な傾向とも関連が深いとみられている。

ライ・ンガン・コリオ『メガリス』によれば、このサークルの名は元はコーンウォール語で「石の踊り」を示すDans Maenというものだった。コーンウォールにはNine Maidensなど、Maidenという語がつく巨石遺跡が数多くあるが、Maen＝石が、Maiden＝娘という英語に間違えられて定着した可能性があるという。「石の踊り」が「娘たちの踊り」と間違われたことと、厳格主義者たちの禁欲的傾向とがこうしたストーリーを生み、教会の説話に織り込まれて広まったのかもしれない。

一九九五年、遺跡を壊そうとする一団が現れ、ひとつの岩を取り去ろうとしたが、周囲の人々に止められるという事件が起きた。彼等はこの地から「異教的な力を排除」しようとしたキリスト教原理主義ボーン・アゲイン・クリスチャンのグループだったといわれている。一六、七世紀に作られた伝説や名前は、皮肉なことに現在でも「異教的な」風習、習俗を記憶にとどめさせる役割を果たしているのだ。

次頁：メリー・メイデンズのサークル。このサークルは1860年代に修復されたもので、
この修復は見た目の良さを重視するものだったようだ。石の数も元は18ではなかったかとも言われている。

❖ボスカーウェン・ウン……コーンウォール

ドゥルイドの集会所

Boscawen Un……Cornwall, England

ボスカーウェン・ウンはメリー・メイデンズの北西約三キロ、幹線道路から少し南に入ったところにある。夏場に訪れると、サークルへ続く細い道にはイバラやハリエニシダが茂り、チクチク刺され、ひっかき傷をつくりながら苦労して歩くことになる。

二二×二五メートルの楕円形のサークルだが、ユニークなのはサークルの中央に二・五メートルとひときわ長い岩が今にも倒れそうなくらい斜めに傾いて立っていることだ。日時計を連想させる姿だ。サークルの岩は高さ一～一・二メートルと小ぶりな花崗岩で、西コーンウォールのサークル共通の一九個だが、西南西にひとつだけ石英を多く含む白い岩が置かれている。中央の岩は、宝探しによって岩の下が掘られたために傾いたと言われていたが、一八六四年の調査で、はじめから傾いた形で固定されたものだとわかった。珍しい形だが、用途はわかっていない。

ボスカーウェン・ウンとは古い言葉で「ニワトコの家」という意味らしい。サークルの周囲にはハリエニシダ、中にはシダが生い茂っていて、ニワトコの木は見かけなかった。ニワトコといえば、ロールライト・ストーンズの魔女の木の話（66頁）を連想する。ユダが首を吊ったのも、キリストが磔にされた十字架もニワトコともいわれ、不吉な木とされてきたようだが、一方、「庶民の薬箱」とも言われ、木や花に薬効成分があるので、むやみに切り倒されないように「不吉」扱いされてきたとも考えられているという。薬草といえば、魔女の領分であるし、民間療法には異教的なルーツをもつものが少なくなかった。この遺跡の名前にそうしたニュアンスが込められていたのかどうかはわからないが――。

サークルは古くから存在を知られていた。中世ウェールズの三題詩に「ブリテン島の三大ゴルセッズ（ドゥルイド、吟唱詩人などが集う場）」として詠まれている。一〇世紀頃にも集会所、裁きの場として使われていたという記

巨石の周りで裸で踊る魔女のイメージ。19世紀のフランスの版画。

録があるという珍しいケースだ。

一九二八年には、ケルト復興運動の中で生まれたコーンウォールの新しい祭「ゴーゼス・ケルノー」の最初の会場に選ばれた。青いローブをまとった「現代のドゥルイド」風のバード（吟唱詩人）たちがイバラとハリエニシダの細道をペンザンスの楽隊に先導されて行進したという。

このサークルは別名ナイン・メイデンズ＝九人の乙女と呼ばれ、メリー・メイデンズ同様、石に変えられた娘たちの伝承がある。

一九九六年、地元の考古学サークルに所属していた学生が、夜サークルへと続く細道の整備をしていると、サークルの中で全裸で歌を歌いながら踊る女性たちに遭遇した。幻影ではない。彼の存在に気づくも無視して儀式を続け、満足げに帰って行ったという。一六、七世紀に作られた伝説が今になって「忠実な実践者」を生み出したということだろうか。

❖メン・アン・トル……コーンウォール

「取りかえ子」を治す穴あき石

Men An Tol……………Cornwall, England

これはとてもユニークな姿の遺跡だ。ランズ・エンド地方の北海岸寄り、しばしば「霧深い」と表現される小高いムアにある。現在は車道から歩いて数分とアクセスも容易だが、かつては人の近寄ることも少ない場所であったにちがいない。北側には巨人ホリバーンが住んでいたというカーン・ガルヴァーの岩山がある。

四つないし五つの小ぶりなスタンディングストーンの中央にドーナツ状の岩が立っている。穴はちょうど人が一人くぐりぬけられるくらいの大きさだ。穴の前後、直線上に石が二つ立っているが、この配置はオリジナルのものではなく、一八世紀頃に意図的にアレンジされたものらしい。近年周囲から埋まっていた石がいくつか発見され、元はストーンサークルだったとみられている。名前はコーンウォール語でそのまま「穴のあいた石」という意味だ。コーンウォールには穴あき石が多数残っている。

穴のあいた石には手足の病いに関する様々な治癒力があると考えられていた。リウマチや座骨神経痛を患う者は、四つん這いになって石の周りを東から西に向かって九回周ると良いとされた。腰の悪い子、くる病の子どもは岩の周りを回され、穴あき石を三回か九回、東（太陽に向かって）向きにくぐらせると良いとされた。男の子は女性から男性に、女の子の場合は男性から女性に渡され、そのあと近くの草の上を引きずられたという記録もある。

さらに面白いことには、この穴のあいた石には妖精の「チェンジリング＝取りかえ子」から本当の子どもを取り戻す力があるとも考えられていた。「取りかえ子」は妖精が人間の子を妖精の国に連れ去り、かわりに妖精の子を置いて行くことを指す。コーン

ウォールやウェールズ、アイルランドなどで、生後発育が悪い子ども、急に体が弱くなった子ども、さらには出産後の女性などがしばしばこうした妖精の「取りかえ子」にあうと言われていた。入れ替えられた妖精の子は、たいていの場合、弱ってすぐに死んでしまい（死んだように見える）、それと気づかずに埋葬してしまうと考えられていた。この穴あき石には「良い」妖精が住んでいて、本当の子どもを取り返してくれると言われていたのだそうだ。こうした儀式は一九世紀頃まで行なわれていた記録があるらしい。

また、石は「悪魔の目」と呼ばれ、未来を告げるとも言われていた。石の上に十字に二本ピンを置き、質問などをして、ピンがどの方向を向くか見るという占いだったようだ。針は魔術と関わりが深いが、害をなす妖精から身を守るために使われた道具でもある。この場所が「良い妖精」の住処なのではなく、かつて妖精の国、異界への入り口だと考えられていたものが、後になって様々なまじないや風習に変形したのかもしれない。

巨石遺跡の穴の大きさは様々だ。同じくコーンウォールのヘルストンの町近くに残るトルヴェンの岩のように、人がくぐり抜けられるほどの大きな穴のものもあるが、ソフトボール大くらいの小さな穴のものも多い。元はどのような意味をもっていたのだろうか。

右上：右手前の岩の上に草を編んだものと花のお供えがある。コーンウォールなど、ケルトの伝統を多く残す地には麦わらを編んだ人形「コーン・ドーリー」など、豊穣祈願の風習があるが、近年はニューエイジ系の人々によって様々な意味付けをされたお供えが置かれているのを目にする。
上：トルヴェンの穴あき岩。現在は民家の庭にある。Tolven＝トルヴェンという名は穴を意味するコーンウォール語 Tol と石を意味する Maen がくっついてできた名だ。この岩にも病気治しの力があるとされ、左の絵はその様子を描いた 1870 年の挿絵。

❖ラニョン・クォイト……コーンウォール

気のいい巨人の物語

Lanyon Quoit……Cornwall, England

ラニョン・クォイトのドルメンは、メン・アン・トルの近く、モルヴァとマドロンの町を結ぶ道沿いに立っている。一八一五年の嵐で倒壊し、立石のひとつが割れたため、オリジナルとは違った姿で立て直されたという。かつては馬に乗ったまま下に入れるほど大きかったようだ。小さくなったと言っても、一三・五トンもあるキャップストーンはなかなかの威容で、遺跡からの見晴らしもすばらしい。

キャップストーンは凹凸の少ない平板な岩で、ほぼ水平に乗っているため、「巨人のテーブル」という別名を持つ。「テーブル」と名の付くドルメンはウェールズなどにも多いが、ラニョン・クォイトが一番それらしい形だ。

ランズ・エンド地方にはチューン・クォイト、ゼナー・クォイトなど、いくつかのドルメンが残っている。quoit＝クォイトはコーンウォール地方でドルメンのことを指す呼び名だが、もともとは輪投げ遊びを意味している。伝説ではドルメンはかつてモルヴァ近辺に住んでいた巨人ホリバーンが輪投げをして遊ぶために造ったとされていた。

伝説に登場する巨人たちもさまざまで、人を食らうような恐ろしい巨人もいれば、人間とつきあう気の優しい者もいたようだ。ホリバーンはおとなしい巨人で、人間から牛や羊をもらうかわりに、近隣の人間の町を他の乱暴な巨人たちから守ったのだという。

無邪気なホリバーンは輪投げ遊びが大好きで、人間の男の子と遊んでいたが、ある日別れ際に「明日も遊ぼうね」と言い、男の子の頭を軽く指で弾いたところ、その子の頭は砕けてしまった。ホリバーンは大いに慌て、なんとか元通りにしようとしたが友達の命はすでになかった。

「神様はなぜ人間をこんなに脆くつくったんだろう」と悲嘆に暮れ、七年泣き通した後、

1783年に出版された本の挿絵から。倒壊する前の姿。

悲しみのあまり死んでしまったという。
　ホリバーンには二〇人もの子供がいた。それぞれコーンウォール各地で暮らしていたが、毎年八月一日に親元に集まったという。ホリバーンは丘の上で「魔法の儀式」を執り行なったが、人々はそれを見物するために集い、多いに飲み、巨人の健康を祝したといわれている。
　祭りは巨人が死んだ後もモルヴァ・フェアーとして続き、毎年八月の最初の土曜に開かれた。地域が錫の採掘で賑わったころには、祭りに訪れる者の馬だけで三〇〇坪以上の土地がいっぱいになるほどの盛況ぶりだったという。

❖ハーラーズ……コーンウォール

石になったプレイヤーたち

Hurlers……Cornwall, England

ボドミン・ムアはコーンウォールの北東に広がる約一五キロ四方ほどのムア＝荒野だ。九五〇平方キロという広大なダートムアには比ぶべくもない規模だが、石器時代の農地跡、ストーンサークル、列石、ケルンなどの初期青銅器時代の巨石遺跡、中世初期の素朴な石の十字架やコーンウォール地方ならではのアーサー王伝説にちなんだ場所、「銅ラッシュ」に沸いた一九世紀の鉱山の廃墟など、数千年におよぶ様々な人間の営為の痕跡が、開けた荒野に隣あって風化している不思議な場所だ。

ムアの南東の端にある小さな町ミニヨンズはチーズ・リング、あるいは「悪魔の椅子」と呼ばれる、花崗岩の塊が作りだした奇景で知られる。ハーラーズはこの町の道路際のムアに広がる三つの隣り合ったストーンサークルで、中央の大きな直径四〇メートルほどのサークルに、北北東から南南西の軸にそれぞれ直径三〇メートルほどのサークルが団子状につながっている珍しい形をしている。元は北から二八個、二八個、二六個の岩があったとみられているが、現在残っているのは、それぞれ一六個、一七個、九個で、最も南のサークルは原型をとどめていない。

岩はさほど大きくなく、最も高い岩でも人の背丈ほどだが、珍しく四角く加工形成されていて、精緻な印象のあるサークルだ。

ハーラーズとは直訳すると「投げる人たち」という意味だが、この場合はサッカーやラグビーなどの原型のひとつともいわれるハーリングというボールゲームに興ずる人たちを指している。

ハーリングはケルト起源のゲームで、一九世紀頃までコーンウォールで盛んに行なわれていたという。ブタなどの皮に苔や草を詰め込んだものを銀で巻いた小さなボールを二手に分かれた男たちが奪い合い、自陣のゴールに持ち込んだ方が勝ちという単純な競技だが、大勢の男たちがぶつかり合い、もみ合う、非常に荒っぽいゲームだ。四、五〇人くらいから多い場合は一〇〇人を超える大人数で行なわれ、既婚男性チーム対未婚男性チーム、長男たち対次男以下たちのチームなど、ひとつの村の中で二手に分かれて争うものから、町同士で数キロの距離を日をまたい

ハーリング大会の開始直前の情景。中央の男性がボールを高く掲げ、群衆の中に投げ入れようとしている。（セント・コラム、1911年）

ハーリングのボール。使用前（右）と使用後（左）

©Phil Ellery

で争う大規模なものまで行なわれていたようだ。茂みや茨の中、あるいは泥沼や川の中、あるいは民家の裏庭や畑の中など、ゴールとゴールの間の全ての空間が競技場となる。競技というより、祝祭の熱狂に近いものではなかっただろうか。

小高い土手の上からサークルを眺めると、確かに平地に散らばった岩が球技に興じる大勢の人影のように見えなくもない。かつて安息日にもかかわらずハーリングをしていた集団に聖クリアがやめるように忠告するも聞く耳もたず、遊びつづけたため、怒った彼が「ならば永遠に続けるがいい！」と叫ぶと、雷鳴とともに一瞬にして石に変わってしまったという伝説がある。

聖クリアは八世紀から一〇世紀頃にこの地域にキリスト教を広めたと言われるアングル人で、現在は町の名前にもなっているが、伝説そのものは一六、七世紀の厳格な清教徒主義の下で生まれたものだ。ハーリングはしばしば日曜の午後に行なわれていたようなので、非難の対象になりやすかったのかもしれない。

ハーリングは、現在もセント・コラムなどの町で行なわれている。元来、コーンウォールのハーリングは年に一度、冬の終わりから早春にかけて行なわれると決まっていたという。ボール、あるいは麻布を巻いたものなどを大勢で奪い合う冬の祭りは、ブリテン島各地に記録されている。もともと豊穣を祈願する、あるいは春を呼び込む神事、祭であったものが、キリスト教化以後、本来の意味を失い、ボールゲームとして受け継がれてきたのではないかと考える人もいる。

ケルト起源の異教的なルーツを持つ遊びに興じていた人たちを、キリスト教を広めに来たアングル人の聖人が石に変えたというストーリーが、かつて異教的な儀式の場所であると考えられていたストーンサークルに結びつけられているのは、意味深長といえるのではないだろうか。

上：巨大な奇岩チーズリング。誰かが積んだとしか思えない形だが、浸食と風化の結果だ。
次頁：遺跡の北側から見た全景。発掘調査によると、北のサークルの円周上にはかつて花崗岩の小石が敷かれ、中央のサークルの内部は白い石英のかけらが敷きつめられていた形跡があるらしい。これらはサークルの岩を加工した際に出た破片だろうとみられている。また、北のサークルと中央のサークルは幅1.8メートルの歩道でつながっていた形跡もあるという。遠くに見える煙突は錫、銅などの採掘場、「エンジンハウス」の廃墟。ボドミン・ムアでは20世紀初頭までこれらの鉱物の採掘が行なわれていた。

巨人の家

Trethey Quoit………Cornwall, England

ボドミン・ムアの東南の端、セント・クリアの町はずれにあるトレセヴィー・クォイトは非常に重量感あふれるドルメンだ。高さが四・五メートル以上あり、キャップストーンは三・五メートル以上の長さがある。もとは七つの立石に支えられていたが、一八五〇年にそのうちの一つが倒れてしまい、今にもずり落ちそうな角度で止まっている。キャップストーンには小さな穴があいているが、意味があるものなのかはわからない。この穴から星を観測したのではないかと考える人もいるようだ。また、立石のひとつには下に入り口のような鋭角な切り込みがつくられていて、これは何らかの出入り口のように見える。

ボドミン・ムア周辺にはかつて多数のドルメンがあったが、一九世紀に開墾のために次々と破壊され、現在残っているのはこれひとつだ。

トレセヴィーとはコーンウォール語で「墓のある場所」という意味なのだそうだ。別名「巨人の家」とも呼ばれている。

一二世紀にモンマスのジェフリーによって書かれた『ブリテン列王史』によれば、ブリテン島はそもそも巨人の住む国アルビオンだった。アルビオンとは「白い地」という意味だ。イングランド南部が分厚い白亜層からなり、洋上から見ると岸壁が真っ白く見えたことに由来するという。

そこに、トロイア人の王家の血をひくブルータスが軍隊を率いてやってきて、巨人たちを洞窟や山に追い払い、自らの名をとってこの地をブリテンと名付ける。巨人たちの一部は抵抗し、ゴグマゴグをリーダーに二〇人で攻撃をかけてきたが、ゴグマゴグを残して全て倒されてしまう。ゴグマゴグはトロイア人の将軍コリネウスのレスリングの相手として捕獲されたが、プリマスまで投げ飛ばされて死んでしまった。コーンウォールの語源はこのコリネウスだという。

ジェフリーの書いた「歴史」が何を元にしていたのかは定かでなく、彼個人の創作によるものが多いとみられているが、巨人伝説がイングランド南西部、ウェールズ、スコットランド西部など、「ケルト系」文化の色濃い地域に多く残っていることは確かだ。キリスト教以前の異教の神々が変容していった姿だと捉える人もいる。これらの地域は巨石遺跡が数多く残るエリアでもあり、それらの多くが巨人伝説と結びつけられている。山の上に、荒野に、遥か昔から残る巨大な施設の廃墟が、人々の想像力を巨人たちの住む古の世界へと導いていったとしても不思議はないだろう。

❖スタントン・ドゥルー……サマセット

石になった結婚式

Stanton Drew……Somerset, England

ブリストルの南約一〇キロ、サマセット州、チュー川沿いの小さな村スタントン・ドゥルーにはその名も「ドゥルイズ・アームズ」という名のパブがある。人口わずか五〇〇人ほどの小さな村の大切な憩いの場だが、なぜこのような名がついているかというと、村が何よりも巨石モニュメントで有名だからだ。

　ビアガーデンになっているパブの裏庭には、大きな石板が二つ立ち、間に三つ目の岩が倒れている。これらはかつてコの字型に組み合わされていたもので、エイヴベリーのコーヴと同じ形式の施設だ。衝立てのような形なので、少人数で、人に見えないように儀式を行なう場所だったのではないかともいわれ、共同墓の石室の中で儀式を行なう文化から屋外のストーンサークルを中心とする文化への過渡期（283頁参照）の産物、「屋外に持ち出された石室」を意味するものだともいわれている。

　コーヴの後ろには約八〇〇年の歴史をもつセント・メアリー教会がある。教会の反対側の牧草地に三つのストーンサークルが広がっていて、全体でエイヴベリーに次ぐ大きさの複合施設をなしている。教会は「異教の施設」であるサークルとコーヴを分断する形で建てられたにちがいないと考える人も少なくないようだ。

　ストーンサークルは、直径一一二メートルにも及ぶ巨大なサークルを中心に、隣接して北東に約三〇メートルの、少し離れて南西に約四四メートルのサークルと三つあるが、損傷が激しく、かつての姿をイメージするのは難しい。ただ、北東の小さなサークルに使われている岩は非常に大きく、迫力がある。このサークルには巨石の列で造られたアヴェニューがつながっていたとみられるが、これも現在はその痕跡しか残っていない。

　三つのサークルは直線ではなく「くの字」型に並んでいるが、北東のサークルの中心と中央のサークルの中心を結ぶ線を南西に延ばした延長線上にコーヴがあり、中央のサークルと南西のサークルの中心を結んだ線を五一二メートル北東に延ばした場所にドルメンがあるため、配置には明らかな意図があったようだ。

　十分な発掘は行なわれていないが、ストーンサークルはエイヴベリーと同時期、紀元前二八〇〇年頃に造られたとみられている。コー

「ドゥルイズ・アームズ」とセント・メアリー教会の間に残るザ・コーヴ。大きな岩の向こうにもう一つ岩がある。

ヴと北東のドルメンはさらに時代の古いもののようだ。一九九七年の磁気測定による調査で、メインのサークルの周囲と中に堀、そして同心円状の杭の穴が見つかっている。これらの穴は四〇〇から五〇〇ものオークの丸太を立てた巨大なウッドサークルの跡であったことがわかり、紀元前三〇〇〇年頃にはストーンヘンジと並ぶほどの規模を持った宗教施設だったとみられている。イギリスとアイルランドには合計一〇〇〇以上のサークルがあるが、ウッドサークルはわずか七つしか確認されていない。

　この地には様々な伝説が残っているが、最も有名なのは、結婚式のストーリーだ。

　ジョン・オーブリーは一六六四年、初めてこの遺跡について言及し、遺跡は「結婚式」と呼ばれていると書いている。安息日に結婚式の披露宴で踊っていた人々が全て石になってしまったという話だ。「安息日破りによる石化」のストーリーは一六、七世

「ドゥルイズ・アームズ」。看板に巨石が描かれている。

右：ステュークリが描いた18世紀の様子。北東のサークル部分。

紀のピューリタニズムの隆盛の中で作られたものなので、オーブリーが聞いた時点では、まだ新しい「伝説」だったにちがいない。一七七六年のステュークリの記述では、コーヴは新郎、新婦、牧師、サークルの岩は踊っていた女たち、アヴェニューの岩はフィドル弾きたちということになっている。その後物語はさらに修飾され、後代にはこんな風に描かれた。

結婚式のパーティーは日曜ではなく、土曜に始まった。宴は盛大に行なわれたが、真夜中にさしかかり日付が変わろうとしたとき、信心深いハープ弾きが安息日に演奏することを拒んで帰ってしまった。花嫁が、地獄に堕ちてもかまわないから他の楽士を探してきて踊り続けたいと言うと、年老いた笛吹きが現れ、「私でよければ吹きましょう」と演奏を始めた。男ははじめゆっくりと吹き始めたが、次第にテンポが速くなり、皆の踊りもそれにつれてどんどん速くなっていく。踊りを止めたくても足が勝手に動いてしまう。笛吹きが悪魔だということに皆が気づいたときにはすでに遅く、とうとう人々は「死の舞踏＝ダンス・マカーブル」の骸骨にされてしまった。今残っている岩は骨が化石になったものだという。信心深かった最初のハープ弾きだけがこの悲劇を免れ、この事件を人々に伝え歩いたということだ。

悪魔は「また来て吹いてやるよ」と言い残して去ったというが、もう一度悪魔の笛が吹かれるとき、岩は人間に戻るとも言われているらしい。物語にはいくつものバージョンがあり、花嫁の名をスー、新郎をウィリアムとする長い歌まで作られている。

さらに、これもいくつかの遺跡に共通して残る話だが、岩の数を数えたり、スケッチをしたりしようとすると悪いことが起こる、病気になる、あるいは死ぬという言い伝えがある。一七五〇年にバースの町のテラスなどを設計した建築家ジョン・ウッドは、村人の静止を押し切ってそのタブーを冒したところ、突然の豪雨でずぶぬれになったと記している。村人は「人の忠告を聞かないからだよ」と、満足げであったと書いている。彼はこの遺跡はドゥルイドの大学の跡だと考えていた。

また、このサークルは蛇が岩になったものだという言い伝えがある

上・次頁：ともに北東のサークル。人が石になったというにはあまりに大きな岩だ。

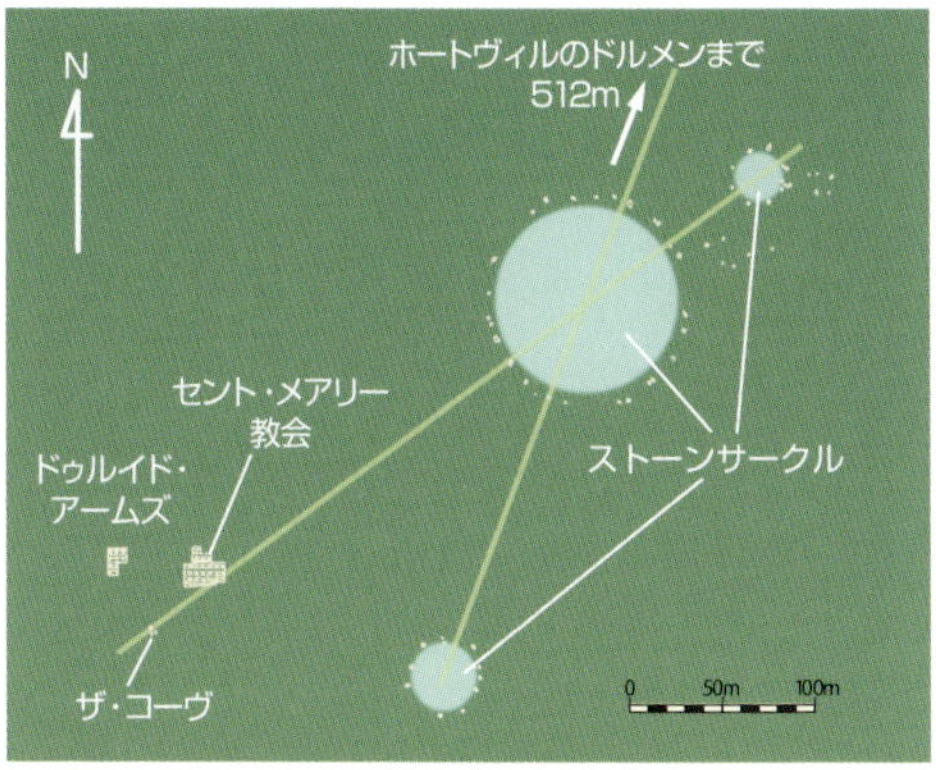

上：スタントン・ドゥルー遺跡群の配置。

という。五世紀のウェールズの王女、聖女ケーナがこの地を与えられたが、毒蛇がうじゃうじゃいたので、彼女が神に加護を祈ったところ、蛇が岩に変えられたという。異教の神殿がキリスト教化されたという意味なのだろうか。

　スタントン・ドゥルーとは面白い地名だが、ドゥルーは中世にこの地の領主だった家族の名前で、Stanton はサクソンの言葉で Stan は石、tun は農場、村の意味だという。

❖キャッスルリッグ……カンブリア

ドゥルイド最後の生贄の地？

Castlerigg………Cumbria, England

夕暮れのストーンサークルの中で、大学で機械工学を教えているという男性に巨石について延々と熱っぽく話しかけられ、気がつくとすっかり暗くなっていた。日はとうに沈み、かすかな残照が湖水地方の山々を青黒く浮かび上がらせている。真夏でも山岳地の空気は冷たく、体が芯から冷えきってしまった。

　このサークルについて「荒れ果てたムアに残る、不気味なドゥルイドの石の環」と言い表したのは一九世紀初頭の詩人キーツだが、巨石に興味のある多くの人にとって、ここはもっとも美しい眺望の得られる、繰り返し訪れたい場所だ。イングランド北西部、カンブリアの湖水地方観光の拠点として賑わうケズウィックの町はずれの丘の上にある。周囲を美しい山々に囲まれたすばらしいロケーションで、夏の夕暮れ時には多くの人が訪れる。

　湖水地方はブリテン島で最も古いストーンサークルが集まる場所だ。湖水地方のほぼ中央、キャッスルリッグの一七キロほど南には当時の石斧に使われた凝灰岩の産地グレート・ラングデールがある。ここで作られた石斧は良質なためブリテン島各地に広く流通していて、一種の宝物のようにして扱われていたケースもある。湖水地方の遺跡はこのグレート・ラングデール産の石斧との関係抜きには考えられず、点在するスタンディングストーンはこの産地への道標だったのではないかと考える人もいるようだ。

　キャッスルリッグは湖水地方のサークルの中でも最古の部類で、紀元前三二〇〇年頃に造られたとみられている。直径三〇メートルほどの楕円形で、サークルの内側の一部に次頁の写真のような四角のスペースが作られている。これは他に例のないユニークな形だ。何か重要な埋蔵物があるのかと、一九世紀末に発掘が行なわれたが、炭の詰まった穴が見つかっただけだった。石斧の取引場所として使われたのではないかという説もある。

　サークルの北側には大きな岩二つに挟まれた入り口がある。入口両脇に大きな石などのアクセントをつけるのはカンブリア地方のサークルの特徴のひとつだ。また、南東の端には背の高い角ばった形の目立つ岩があるが、この場所はサークルの中心から見て、一一月、ちょうどケルトの祭りであるサウィン祭のある時期の日の出の方角に一致するという。これが意図的なものかどうかはわからない。

　サウィン祭は一一月一日頃に行なわれた祭りで、夏が終わり、冬を迎えるにあたって様々な準備をする、区切りの日だ。この日は現世と異界との境界が曖昧になり、霊が生者と交わる日とされていたが、後にキリスト教の万聖節となった。その前夜がハロ

19世紀に描かれたウィッカーマンの生贄の想像図。

ウィーンであり、異教の香りだけが残っている。湖水地方はブリトン人の文化を長くとどめていた地域だ。古い風習が多く残っていたようで、一九世紀には、ケルト起源の祭りで五月一日に夏の始まりを祝う火祭り、ベルティネ祭が行なわれていた記録がある。火を焚き、煙の中を牛に歩かせて疫病から守ろうとしたもので、病気持ちや体の弱い子どもなども煙の中を歩いたという。ベルティネ祭は現在でもスコットランドやアイルランドに残っている。巨石時代とケルトの時代は直接リンクしないが、ストーンサークルの多くで、炭など火を焚いた跡が見つかっており、ケルトの火祭りは青銅器時代にまで起源を遡ることができるのではと考える人もいるようだ。

キャッスルリッグは冒頭のキーツの言葉のように、近代以降、ドゥルイドのイメージと様々に結びつけられてきた。ライ・ンガン・コリオ『メガリス』によると、最後の生贄の儀式が行なわれたという次のような伝説の舞台としても知られているという。

この地方の豊かな集落を流行病が襲い、多くの死人を出した。神の怒りを鎮めようと生贄を捧げることが決まり、一人の美しい娘が選ばれた。娘はサークルの中に置かれた人型の檻＝ウィッカーマンに入れられた。集まった全ての人たちが檻の下に薪をくべることを強制されたが、娘の恋人だけは一人これを拒んだ。ドゥルイドの司祭が火をつけ、炎が娘の入った檻にまわろうとしたそのとき、周囲の山々から流れる川の水が一気に溢れ出し、ストーンサークルの中は水浸しになって火は消えてしまった。生贄の娘は一命をとりとめ、これを見たドゥルイドの司祭は神が人間の生贄を望んでいないことを知り、二度とこうした儀式は行なわれなかったという。

38 個の岩が残っているが、元は 42 ～ 44 個あったとみられている。中央奥に大きな二つの岩に挟まれた入り口がある。

これは一七世紀から一九世紀の間に意図的に作られた「伝説」だ。ウィッカーマンはカエサルの『ガリア戦記』などに記録のあるケルトの生贄の儀式だが、一八世紀頃に「異教の蛮行の象徴」のようにして誇張され、エキゾチックな興味の対象として繰り返し図像化された。当時、ストーンサークルはドゥルイドの儀式の場だったという考えが一般化していたため、霧深い山々に囲まれたキャッスルリッグは、こうした逸話の舞台としてぴったりだったのだろう。もう少し古そうな伝説としては、これらの石は集まって会議をしていた長老たちで、過去の何らかの罪で石に変わってしまったというものがある。

レイ・ライン（74頁）を信じる人々によれば、この近くのイングランドで三番目に高い山ヘルヴェリンの山頂と四番目に高い山スキドーの山頂を結ぶ直線上にこのキャッスルリッグは位置しているという。

キャッスルリッグのサークルは、18世紀後半に土地の所有者によって壊される寸前だったという。なんとか破壊を免れ、現在はナショナルトラストに管理されている。ナショナルトラストの創設期には、こうした巨石遺跡を保存の対象とすることに異を唱えるイングランド人も多かったという。ブリトン人の遺産と考えられていた時期であり、自分たちの祖先が苦労して追い払った野蛮人の遺産をなぜ我々が保護しなくてはならないのか、という論理だったようだ。
写真中央は南東の端にあるひときわ背の高い岩。キャッスルリッグにはもう一つ別の、隣り合ったより大きなサークルがあった可能性があるらしい。実際に石を見たという記録はないが、痕跡があるようだ。

❖スウィンサイド……カンブリア

地中に沈んだ教会

Swinside……Cumbria, England

湖水地方の南の海岸沿いから、農家の廃屋を抜ける寂しい車一台分の幅の道を、山間部に向かって北へ登って行くと、ひとつの坂を登りきったところで、石垣で囲まれた牧草地の中に奇麗な石の環が見えてきた。ここは北のキャッスルリッグが観光客で溢れているのに対し、よほどの巨石好きでなければ訪れない場所だ。今では二、三の農家だけが残る静かな地域だが、巨石の時代には石斧の産地グレート・ラングデールから南海岸へ出るルート上にあり、かなり多くの人が住んでいたにちがいない。

直径三〇メートル弱のほぼまん丸のサークルで、元は六〇個あったとみられる石の五五個が残っており、そのうち三二個が立っている。とても保存状態の良いサークルだ。南東側に入り口があり、その両側だけ岩が二重に置かれている。これはロング・メグと（140頁）と同じ様式で、湖水地方特有のスタイルだ。これが発展してイングランド南西部のエイヴベリーなどのアヴェニュー付きのサークルの形になったのではないかという説がある。サークルの中心から最も南側の岩を結ぶ線の延長は冬至の日の出の方角に近いが、南側に丘があるため、正確な位置はわからなかっただろう。一九〇一年に発掘が行なわれ、出て来たのは小さな炭の塊と骨の破片だけだったが、サークル建造の前に、土地を水平に地ならしした形跡が見つかったという。

サークルは別名Sunkenkirkと呼ばれる。kirkとは教会を指す言葉で、「沈んだ教会」を意味する。かつて建設中の教会が悪魔によって夜中に地中に沈められてしまったという言い伝えによるらしい。岩は教会の礎石だと言われていたのだそうだ。コリオの『メガリス』によれば、八キロほど南西に離れたところにKirksanton＝「沈んだ教会」という名の村があり、ここにも同じような伝説があるという。建設中の教会

上：スウィンサイドのサークルの岩は、地元でgrey cobbles＝「灰色の丸石」と呼ばれるスレートだ。形は不揃いだが、おおまかに北側には先の尖った高い岩が多く、南側は低い丸みのあるものが多い。これが「男性」「女性」をシンボライズしたものだと考える向きもある。
右：グレート・ラングデールで作られた石斧の見本。

が付近の池から溢れ出た水に沈み、消えてしまったというのだ。村の北東に小さなサークルが二つある。この付近一帯でかつて「サークルは悪魔に沈められた教会の跡だ」という説明がなされていたのかもしれない。

不思議なことにKirksantonの村には今も教会がない、いや、残っていないのだという。最初の教会は四世紀頃丘の上に建てられたらしいが、痕跡はない。二つ目の教会は地盤の緩い場所に建てられために「沈み」、今は芝が生えているという。

❖ロング・メグ・アンド・ハー・ドーターズ……カンブリア

「のっぽのメグ」は誰か？

Long Meg and Her Daughters……………Cumbria, England

「のっぽのメグと娘たち」はイギリス、アイルランドで六番目に大きなサークルだ。湖水地方の北東の端の町ペンリスからさらに北東に約一〇キロ、エデン川の東岸のなだらかな丘陵地にある。サークルの中に二本、外側に一本、見事に大きなオークの木が生えていて、たいへんに気持ちの良い場所だ。サークルの一部を農道が貫いているが、私が訪れた七月下旬には隣の農場にラズベリー狩りに訪れる車が頻繁に行き来していた。

紀元前三一〇〇年～二九〇〇年頃に造られた、キャッスルリッグと同じく、湖水地方のサークルの初期のものとみられている。ずんぐりとした七〇個の大小さまざまな斑岩が約一〇九×九三メートルの楕円形に並んでいる。サークルの周辺にはわずかに土手の跡が残っていて、これがかつてヘンジだったことをうかがわせる。

サークルの岩が「娘たち」であり、では「のっぽのメグ」はというと、サークルの外側、南西方向に三〇メートル弱離れたところに立っている、高さ三・五メートル強の尖った形の赤い砂岩だ。この岩は他のものと違って、二・五キロほど離れたエデン渓谷から運ばれたものとみられる。メグの位置は、サークルの中心から見て冬至の日の日没方向と一致している。

メグには「刺青」がある。東南の平面全体に、渦巻き模様、カップマーク（160頁）、同心円などが彫られているのだ。風化が激しいが、二、三の大きな左巻きの渦巻きは現在でもくっきりと見える。巨石時代の石彫と天体の運行との関連を考察しているマーティン・ブレナン（280頁）の仮説では、左巻きの渦は冬の太陽がつくる影の動きを示しているのだという。

「のっぽのメグ」とは誰なのか。最も知られた伝説は、これらの岩は魔女たちで、一三世紀の魔術師、マイケル・スコットによって岩に変えられたというものだ。スコットはシチリア王国のフェルディナンド二世に仕えた学者、占星術師として知られる。

おなじみの伝説として、石の数は正確に数えられないと言われるが、もし正確に数えられたら魔法が解けて魔女たちは生き返るとスコットは予言したとも言われている。面白いことに一六一〇年にウィリアム・カムデンが七七個と書いて以降、オーブリーが二〇〇個、ステュークリが初め一〇〇個で後に七〇個と訂正、ワーズワースが七二個、その後も最近まで六九、六七、五七など、石の数に関する報告は全くバラバラだという。ロールライト・ストーンズのニワトコの木のように、メグを砕いたり、削ったりすると血が流れるとも言われていた。

メグは一七世紀初頭にノーサンブリアに住んでいた「魔女」エリザベサン・マーガレット・セルビー、通称「メルドンのメグ」のことだとも言われる。また、「のっぽのメグ」は一七世紀に生きた大女「ウエストミンスターののっぽのメグ」のことだとも言

左：「のっぽのメグ」。渦巻き模様がはっきりと見える。

われていた。ウエストミンスター修道院には中世末期の碑銘のない巨大な墓石があり、メグの墓とされていたが、後にこの墓はペストで死んだ修道士をまとめて埋葬したものだということがわかった。中世期には「メグのように大きい（背の高い）」というきまり文句があったようだ。大砲に「のっぽのメグ」とあだ名をつけたりしていた。背の高い石が慣用的に「のっぽのメグ」と呼ばれ、そこから様々な伝説が醸成されていったのかもしれない。

湖水地方にはアーサー王伝説も多くあり、一〇キロほど南西には「アーサー王の円卓」という名のヘンジがある。ロング・メグの岩はアーサー王のカンブリアでの六つの戦いで亡くなった首長たちの墓石だと主張した学者もいた。

石を動かしたり、壊したりすると不吉なことが起きるとも言われていた。一八世紀の地主が巨石を砕いて利用しようとしたが、一天にわかに曇り、雷鳴が轟き、やがて激しい雨が降り始めたため、皆恐れをなして計画を中止したという記録が残っている。だが、実際は現在までにかなりの数の岩が運び出されている。

カンブリアには多数のサークルがあるが、大きなものはそれぞれ一五キロほどの間隔で造られている。サークルの大きさと、使われている岩の大きさはほぼ比例し、大きなサークルの建設には大きな岩を運ぶ大量の人手が必要なので、サークルの規模の大小はかつての周辺の集落の規模を反映したものだとも考えられる。ストーンサークルの研究者オーブリー・バールが次のような面白い試算をしている。仮に、サークルの中で儀式に参加する人数が、サークルの面積の半分に人をぎっしり詰めた数、つまり全体に散らばるとお互いゆったりと立てるくらいの数だとすると、ロング・メグと、キャッスルリッグ、さらに小規模なゴスフォースのグレイ・クロフトのサークルでは、それぞれ一五四〇人、一四九人、一〇四人という数を得ることができる。もちろんこれらの数字それ自体には意味はないが、現在のそれぞれの町の人口が一万二二五〇人、五五〇〇人、

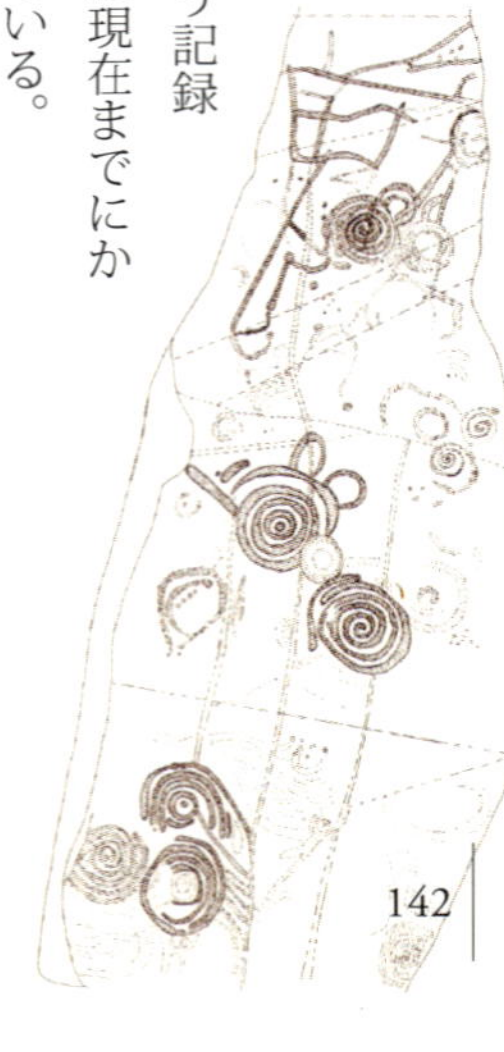

「のっぽのメグ」に刻まれた模様

一〇〇〇人くらいであることを考えると、町の規模の大小関係は約三〇〇〇年もの間変わっていないのかもしれない。
　コリオ『メガリス』によると、第二次大戦前までは、このサークルで夏至の日に一番近い日曜の午後、地元の教会による礼拝が行なわれ、数百人という人が近隣のみならず遠方からも訪れたという。カーライルから主教が招かれ、ペンリスからは楽隊も参加して盛大に行なっていたというが、異教の施設とされていたサークルで、やはり異教の名残である夏至の祭りをキリスト教会が主宰していたというのも面白い話だ。

上：「娘たち」のサークル内にはオークの大木が生えている。サークルの中には17世紀頃まで二つのケルンがあり、18世紀初頭までは近くにもうひとつ小さなサークルがあったようだが、いずれも失われている。

❖ダッドー・ファイブ・ストーンズ……ノーサンバーランド

麦穂の海に浮かぶ巨石の島で

Duddo Five Stones………Northumberland, England

二〇〇五年七月末の晴れた日、私はノーサンバーランドのダッドー農場のドアを叩いた。

ノーサンバーランドはイングランドの北東の端に位置する地方だ。名はアングロ・サクソン人が七世紀につくった七王国のひとつ、ノーサンブリアに由来する。スコットランドと国境を接し、ローマ支配下においてはスコットランドのケルト系民族であるピクト人とローマ兵の、中世初期にはピクト人とアングロ・サクソンの、その後もスコットランドとイングランドの戦乱の最前線に立ち続けた。現在は静かな穀倉地帯が広がっている。

塗装のはげかかった扉をしばらく叩くと、戸口に七、八歳くらいの男の子が現れた。寝起きのように眉間にしわを寄せ、まぶしそうに目を細めている。

「畑の中にあるストーンサークルを見せてもらいに来たんだけど」と言うと、「ああそう……こっちだよ」と言いながら外に出て、すたすたと歩きだした。

遺跡の多くは私有地にある。自由に見学できるよう通路をもうけている場所も多いが、見知らぬ者が畑や牧草地に入るのを嫌う人も多い。ダッドーのように畑のど真ん中にあるところなどは見学の許可をもらう必要があるのだ。

少年は不思議なくらい足が速く、私を見ることもなくずんずん歩いて行く。重い荷物を持っていた私はついて行くのがやっとだ。

「石を見に来る人は多いの？」

「まあね」

「いろんな国の人が来る？」

「まあね」

なんとも素っ気ない。ここ十数年ほど、イギリスでは巨石を見て歩く人が増えている。私のような突然の来訪者を案内することも初めてではないだろう。彼にとってそれが決して楽しい時間ではないことがよくわかる。

一〇分ほど歩くと目の前に広大な麦畑が現れた。

「あれだよ」

金色に実った麦畑のずっと向こうに浮かぶ小島のような姿が見える。島の上には角のように岩が突き出ている。地図で見て想像していたよりはるかに遠い。

「畑の中に細い筋が通ってるでしょ。そこを歩いて。麦畑を横断しないでよ」

わざわざ連れて来てくれてありがとう、何かお礼を……と言う間もなく、彼はきびすを返し、あっというまに早足で帰っていった。別れ際の表情も戸口に現れたときのそれと全く変わらなかった。彼の背中に向かって「ありがとうね」と呼びかけた。

言われたとおり、作業車が通った跡の細い轍を、岩に向かって歩く。見渡す限りぎっしりと実った麦の穂が真夏の強い日差しを

受けて輝いている。目が痛いほどだ。その金色の麦穂の海の彼方に、巨石の島が蜃気楼のように揺れている。自分の吐く息と麦の穂と体が擦れる音だけを聞きながら、畑一枚分を歩き、さらにもう一つの麦畑に入って別の轍をあみだくじのように大きく回り込みながら歩き、ようやく麦畑を横切ることなく「島」にたどり着いた。巨石の周辺だけが丸くきれいに、麦畑から隔離されている。ブリテン島では、近代に入ってからの農地の拡大でかなり多くの遺跡が失われたが、こうしてきれいに保存しているのを見ると、古いものを大切にしようという気持ちが感じられる。

ダッドー・ファイブ・ストーンズはその名の通り五つの砂岩からなるサークルだ。ノーサンバーランドにはカップ&リングマーク（160頁）の彫られた岩が多いが、サークルには大きなものがない。この遺跡はこの地方を代表するサークルだ。

高さ二メートル強くらいの岩は雨水の浸食で面白い形に削れていて、形のユニークさからすると英国有数ということになるだろう。日本の水石の愛好家が好みそうな、窪みや、滝のような筋がたくさん入っている。古代人も丸い窪みのある石、穴のあいた石などに関心が深かった。

サークルの内側はイラクサでいっぱいだ。靴下やズボンの上からもぴりぴりと刺す。撮影を終えて帰ろうとしたとき、一瞬茫然となった。三六〇度、どちらを向いても麦の海で、全く同じような景色なのだ。轍を何本か歩き継いだが、途中一度も振り返ることがなかったことに気づいた。情けないことに自分がどの轍を通り、どの方角から来たのか、確信がもてなくなってしまったのだ。まるで無人島に置き去りにされたような気分で、麦穂が風にそよぐ音を聞きながら、しばしなす術なく立っていたが、最初に見た岩の形や太陽の方角などの記憶をたどり、遠くに見える二、三の農家のうち一つをダッドー農場と見定めて歩きはじめた。

幸い選んだ道は正しく、三〇分ほどして農場の家の前に戻った。もう一度戸を叩き、男の子に何かお礼を、という思いもあったが、彼の眉間のしわを思い出し、邪魔をしないことが彼にとって最も嬉しいことにちがいないと、そのままダッドーを後にした。

上：岩に刻まれた溝は元々人為的なもので、星の位置を正確に確認するために彫られたものだと考える人もいる。
左：岩に彫られたカップマーク（丸い窪み）。

M E G A L I T H S O F
T L A N D

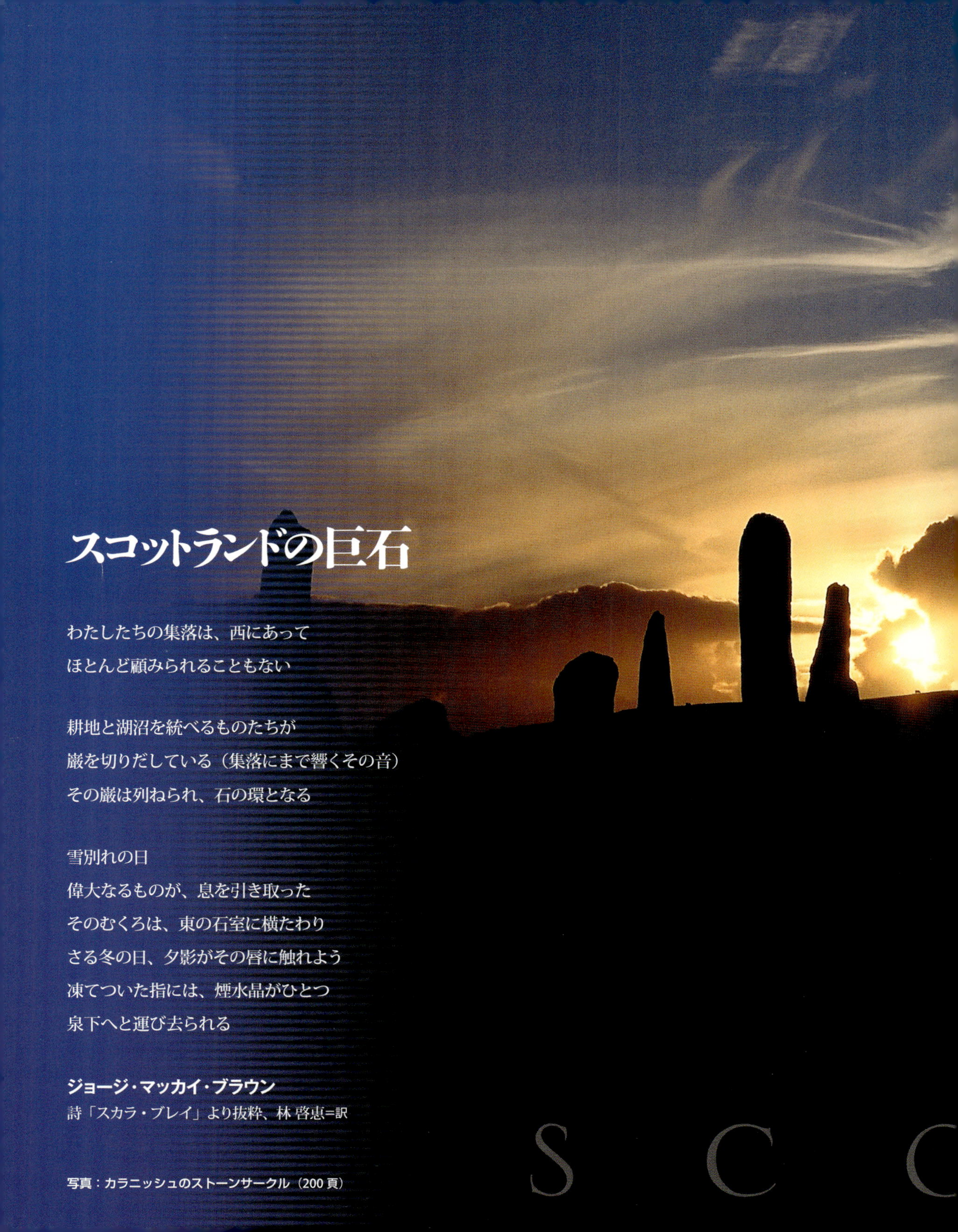

スコットランドの巨石

わたしたちの集落は、西にあって
ほとんど顧みられることもない

耕地と湖沼を統べるものたちが
巌を切りだしている（集落にまで響くその音）
その巌は列ねられ、石の環となる

雪別れの日
偉大なるものが、息を引き取った
そのむくろは、東の石室に横たわり
さる冬の日、夕影がその唇に触れよう
凍てついた指には、煙水晶がひとつ
泉下へと運び去られる

ジョージ・マッカイ・ブラウン
詩「スカラ・ブレイ」より抜粋、林 啓恵＝訳

S C

写真：カラニッシュのストーンサークル（200 頁）

❶ローンヘッド・オブ・デイヴィオット……p.152
❷イースト・アクォーシーズ……p.155
❸ミッドマー・カーク……p.156
❹ランディン・リンクス……p.158
❺バロッホミル……p.160
❻テンプル・ウッド……p.164
❼バリーミノフ……p.166
❽ネザー・ラーギー……p.167
❾アフナブレック……p.170
❿ケァーンバーン……p.170
⓫キルマイケル・グラサリー……p.170
⓬マクリー・ムア……p.172
⓭ケァーンホリー……p.177
⓮トゥウェルブ・アポストゥルズ……p.180
⓯バルヌアラン・オブ・クラヴァ……p.182
⓰ヒル・オ・メニー・ステインズ……p.184
⓱リング・オ・ブロガー……p.186
⓲スタンディングストーン・オ・ステンネス……p.192
⓳スカラ・ブレイ……p.196
⓴メーズ・ホウ……p.198
㉑カラニッシュ……p.200
ORKNEY ISLANDS
オークニー諸島
メインランド
⓳ Skara Brae
⓴ Maes Howe
⓱ Ring o' Brodgar
⓲ Standing Stones o' Stenness
㉑ Callanish
ルイス
WESTERN ISLANDS
ウェスタン・アイランズ
(アウター・ヘブリデス)
ハリス
⓰ Hill o' Many Stanes
⓯ Balnuaran of Clava
インヴァネス
ABERDEENSHIRE
アバディーンシャー
❶ Loanhead of Daviot
❷ East Aquhorthies
❸ Midmar Kirk
アバディーン
スカイ島
HIGHLAND
ハイランド
ネス湖
SCOTLAND
スタッファ島
ダンディー
パース
セント・アンドリューズ
FIFE
ファイフ
❹ Lundin Links
フォース湾
ARGYLL AND BUTE
アーガイル・アンド・ビュート
キルマーティン峡谷
❻ Temple Wood
❽ Nether Largie
❼ Ballymeanoch
ダナッド・ヒル
⓫ Kilmichael Glassary
❿ Cairnbaan
❾ Achnabreck
ナップデイル
グラスゴー
エディンバラ
NORTH AYRSHIRE
ノース・エアシャー
アラン島
キンタイア半島
⓬ Machrie Moor
クライド湾
エア
❺ Ballochmyle
EAST AYRSHIRE
イースト・エアシャー
DUMFRIES AND GALLOWAY
ダンフリーズ・アンド・ギャロウェイ
⓭ Cairnholy
ダンフリース
⓮ Twelve Apostles
IRELAND
N
0
50km
100km
ENGLAND

スコットランドと巨石

ブリテン島の大半を支配下に治めたローマは、北部、現在のスコットランドだけは最後までこれを制することはできなかった。ローマ軍は現在のイングランドとの国境付近に長城を築き、北方の原住民と対峙していたが、彼らを picti ＝「絵のかいてある人」と呼んでいた。入れ墨をしていたという意味かもしれない。現在は「ピクト人」と呼ばれている。ケルト系言語を使い、独特なシンボルマーク群を刻んだ石碑を大量に残した、謎多き民だ。ローマが去ると、ピクト人はブリトン人、後にはアングロ＝サクソン、北方からのヴァイキングと戦い、一時はスコットランドの大半を統べる王国を作るが、アイルランドから移住してきたスコット族の国に吸収され、彼らの言葉も文化も、9世紀頃を境に消滅していく。スコット族＝スコッティは元はブリトン人の国を襲撃していた海賊を指す呼称で、「侵略者」の意だったという。それがアイルランド人全体を指す呼称となり、ブリテン島北部に移住した人々も「スコット族」と呼ばれた。現在のスコットランドという呼称はここから生まれている。

スコット族はアイルランド北東部からアーガイル地方にわたったが、この距離は非常に近く、巨石時代にも多くの交流、移住があったとみられている。アーガイル地方には、アイルランドとの文化的つながりを示すものが多く残っている。特に岩に彫られた独特な文様、カップ＆リングマークは、アイルランド北東部の巨石美術の影響を受けたものともみられている。この様式は、後にアイルランド南部、果てはスペインのガリシア地方にも伝播している。

スコットランドの巨石文化の白眉は本土よりむしろ離島にある。西の海の島々、アウター・ヘブリデス諸島のルイス島には、独特な形の優美なストーンサークルがあり、ギリシアの文献に登場する北方の伝説の国との関連も示唆される。また、本土の北岸沖に点在するオークニー諸島には、スコットランド最古ともいえる巨大な巨石の都がある。巨石人の住居、墳墓もきわめて良い状態で残っていて、数千年という時間の開きが考えられないような、古代の風景が残っている。オークニーはアイルランドの古い巨石の都、ボイン渓谷とも密接な関係があったとみられている。

東部のアバディーンシャーには、独特な形式のストーンサークルを造る文化が花開いた。横倒しにした岩を南側に配置した、「横石」タイプのサークルを造った人たちだ。彼らは月の動きに関心が深かったとみられているが、この様式は数世紀後にアイルランド南部に出現する。また、スコットランド東部にはアイルランド南部に特徴的な四つ石タイプのストーンサークルも見られる。これは「四柱式寝台タイプ」と呼ばれるが、両地域の関連が議論されている。

スコットランドの巨石には、イングランドのような伝説、民話は乏しい。ピクト人はしばしばスタンディングストーンに自らのシンボルマークを彫りつけていたが、彼らと巨石人との関連は不明だ。ケルト系言語を使ったというピクト人がブリトン人などと同様、大陸から移住してきた人々でないとすると、彼らは巨石人の子孫であるかもしれない。

ピクト人の石碑。
青銅器時代のスタンディングストーンを再利用している。

❖ローンヘッド・オブ・デイヴィオット、イースト・アクォーシーズ、ミッドマー・カーク……アバディーンシャー

月の降りる台座

Loanhead of Daviot, East Aquhorthies, Midmar Kirk……Aberdeenshire, Scotland

スコットランド北東部のグランピアン地方はブリテン島有数のストーンサークルの集中地だ。前世紀初頭には一七〇以上確認されていた。その中に、独特なスタイルの一群がある。サークルの中心から見て南西と南南東の間の位置に、横長の、上面を水平に保った大きな岩を置き、両側に背の高い側石を配置したものだ。ブリテン島ではアバディーンシャーを中心としたごく限られたエリアにのみ見られる独特な形式で、特定の部族に固有の信仰、儀式に関わるものではないかとも考えられている。

現在七〇以上確認されているこのタイプのサークル（以後、「横石タイプ」と呼ぶ）の多くが南に向かって開けた丘陵地に造られ、岩の高さも南の横石に向かって少しずつ高くなるようにアレンジされている。多くの場合内部には火を焚いた跡、生贄もしくは死者を埋葬した跡があり、さらにサークルの中全体、あるいは横石の周囲に白い石英の破片を撒いた跡がある。

サークルの中心から見て横石が置かれた方角は、月の軌道との関連が議論されている。月の軌道は地球の赤道面と角度がずれているため、地球から見た月の通り道は一八・六年の周期で変化していくが、月の通り道の変化の幅が最も大きい年は「メジャー・スタンドスティル」と呼ばれている。このとき冬の満月は最も北寄りのコースを、夏の満月は最も南寄りのコースを通り、緯度の高いスコットランドでは満月は南の空を非常に低く移動してい

く。反対に約九・三年後の、月の通り道の変化幅が最も狭い年を「マイナー・スタンドスティル」と呼ぶ。横石の位置は、メジャー・スタンドスティルの年の、月が最も南側を移動するときの軌跡の範囲、特に満月が最も南寄りに沈む方角に合っていることが多いという。現在このタイプのサークルは月信仰に関わるもので、横石は月が「降臨」する台座であったという見方がある。オーブリー・バールは横石の周辺に撒かれた白い石英は「月のかけら」あるいは分身の意味を持たせたものではないかと考えている。

横石のスタイルは、アイルランドの北東部のニューグレンジ(272頁)などの墓の入口に置かれた横長の岩に由来するという説がある。ニューグレンジなどは天体現象に強い関心を持っていた人たちによって造られており、月の形の変化を刻んだ岩絵が残っ

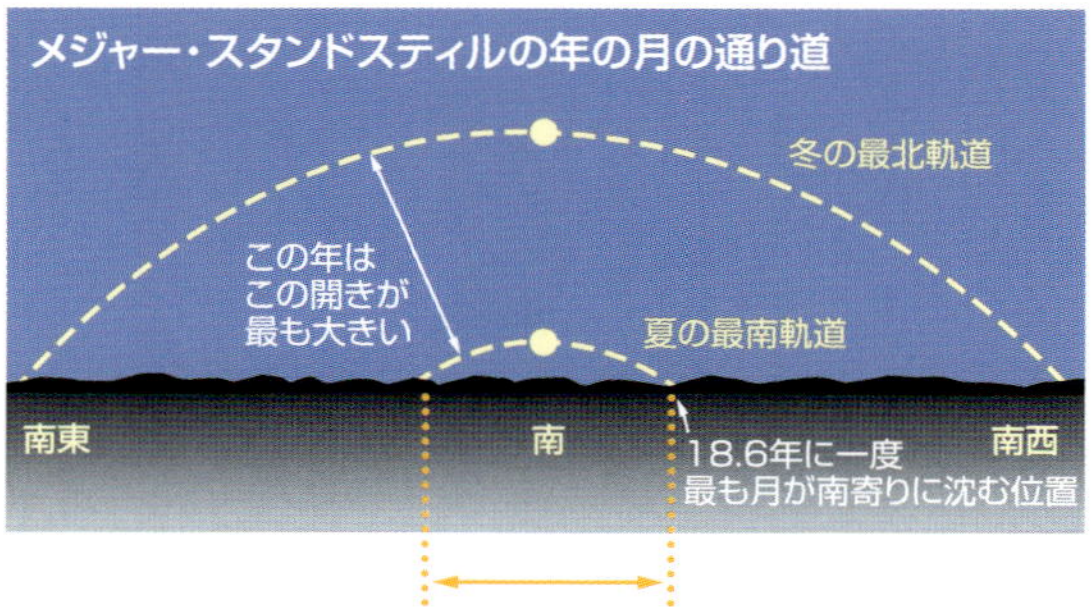

サークルの中心からみて、横石の置かれている位置はほぼこの範囲、特に月が最も南よりに沈む方向に集まっている。

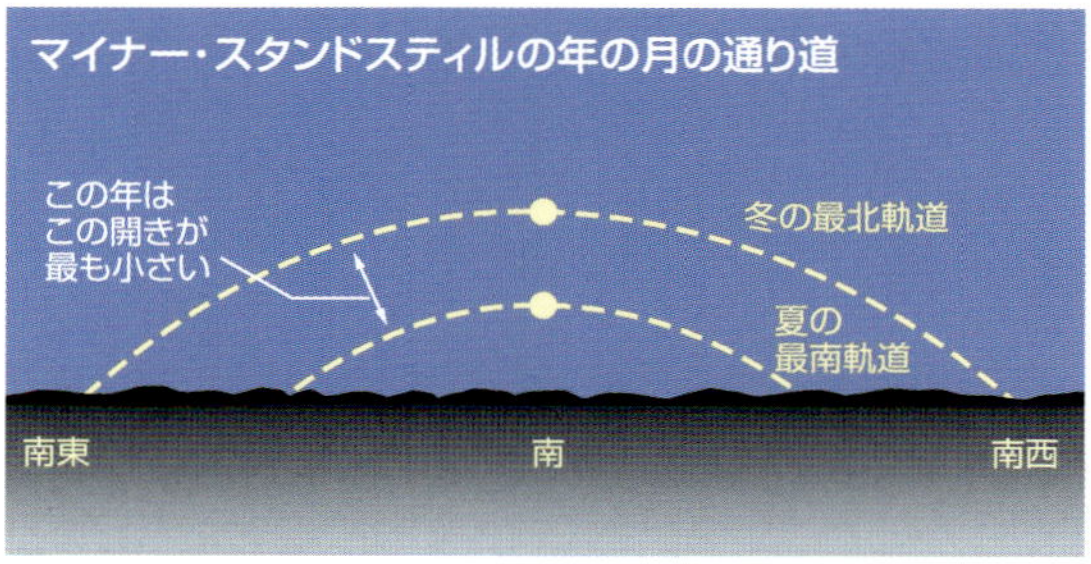

下：ローンヘッド・オブ・デイヴィオットのサークル。向かって左側に横石と側石の石組みがある。

ローンヘッドのサークルの横石と側石。横石タイプのサークルの多くが9から11の岩プラス横石という構成になっている。

ている。これがスコットランド北東部に伝わったのではないかというのだ。横石だけでなく、白い石英を敷き詰めるというスタイルもニューグレンジなどで見られるものだ。また、さらにこの横石タイプのサークルは少し形を変えて、数世紀後にアイルランド南西部に多数現れている。

「台座」に降りる満月の想像図。サークル内で火を焚き、石を暖めることで、岩の上にさしかかった月がかげろうのように揺れ動く＝踊るよう作られたものだと考える人もいる。

❖ローンヘッド・オブ・デイヴィオット

ローンヘッド・オブ・デイヴィオットはこうした横石タイプのとても良い見本であり、特徴が揃っている。新石器時代後期の、紀元前三〇〇〇年前後のストーンサークルとみられている。直径二〇メートルほどで、横石は二つに裂けてしまっているが、両側に背の高い側石が配置され、サークル内部には中央部分を空けたケルンがあり、サークルの岩は南側に向かって背が高くなっていくようにアレンジされている。一九三二年の発掘ではサークルの中で柳の枝を燃やした形跡がみつかり、幼児の頭蓋骨の破片を含む人骨がフリントで出来た石器とともに中央に埋められていた。

横石のあるサークルの南側は現在木立に遮られ、地平線は見えない。もしこれらの木々がなければ、横石の位置はだいたい月が最も南に沈む方角、あるいは冬至の日の日没の方角に合うとみられている。横石の東側の側石の、さらに東隣の岩の内側には一二個のカップマーク（160頁）が彫られており、こちらは冬至の日の出方角と合っている。このサークルの隣には円形の、中期青銅器時代の埋葬の跡が残っていて、この場所が少なくとも一〇〇〇年以上、重要な祭祀の場所であったことを示している。

❖イースト・アクォーシーズ

ローンヘッドのサークルから南に一〇キロ弱の場所にあるこのサークルの横石の部分は一見して「祭壇」という言葉が浮かぶ形をしている。このサークルの最大の特徴は、東側の側石から二つ目の岩に深紅色のジャスパーの脈が通っていることだ。一見わかりにくいが、きれいに洗うとかなり鮮やかな色の脈がくっきりと現れるようだ。スコットランドはメノウやジャスパーが多く採れることで知られる。特に、グランピアン地方はジャスパーの産地が多く、今でも海岸で拾えるところがたくさんある。

他の岩は花崗岩だが、全体に西側の岩は灰色で、東側の岩は少し赤みがあるように見える。横石と側石も色味の異なる岩が使われていて、横石には細かい筋状の脈が入っている。横石の手前にある小さな左右の岩も特徴のあるものが選ばれていて、向かって右側の岩は黒っぽく、石英の脈とのコントラストが際立ち、左側は特に白っぽい岩が使われている。

イースト・アクォーシーズのサークル。一番左の岩の手前の赤い部分がジャスパーの脈。
下：イースト・アクォーシーズの横石。15トン近い重量があるといわれる。横石は四角く形成されており、水平面もなめらかだ。メジャー・スタンドスティルの最南軌道を通る満月はこの横石の上に降りる。

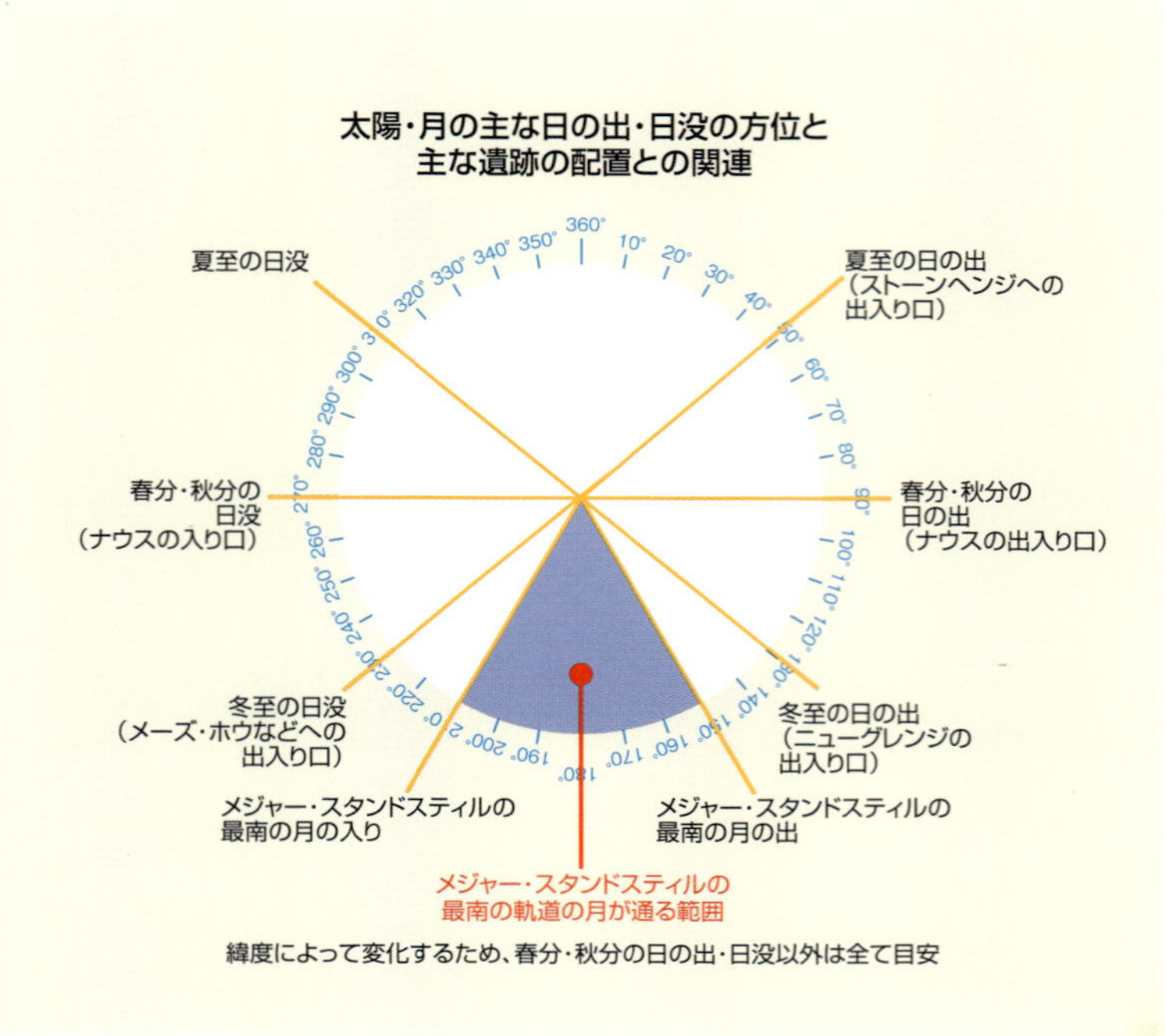

これは単なる装飾的な使い方なのか、それとも色に何か意味があるのか、興味深いところだ。巨石文化は「方角」にこだわった文化なので、中国の五行のように方角と色を関連づける考えがあったかもしれない。

ミッドマー・カーク

巨石文化は紀元前九〇〇年頃にほぼ終焉を迎え、以後放棄されたままだ。鉄器時代を担ったブリトン人、ピクト人などの「ケルト人」は青銅器時代に生きた人たちの子孫である可能性が高いが、巨石の施設を組織的に利用した形跡はほとんどない。だが、巨石は民間信仰と密接に結びつきながら根強く民衆の生活の中に生き続けていた。中世初期のキリスト教会は公会議で繰り返し巨石信仰を禁じ、排除する勅令を出したが、必ずしも効果が上がらず、次第にこれらを融合し、「キリスト教化」する動きが現れるようになる。イギリスやアイルランドでは、樹木の精「グリーンマン」や陰部を大きく開いた女性神像「シーラ・ナ・ジグ」、ピクト人の不可思議なシンボルマークが彫られた石柱など、様々な異教的な遺物、モニュメントの多くがキリスト教会の敷地、あるいは建物の下などにおかれている。スタントン・ドゥルーなどのように、巨石遺跡の場所に教会を建てて、その場所を「キリスト教化」するということも多く行なわれたとみられる。

ミッドマーにある、横石タイプのストーンサークルは一八世紀末

ミッドマー・カークの横石部分。左右の側石が鋭い犬歯のようだ。横石は上面が限りなく水平になるように、岩の下に小さな岩がかませてある。

に建てられた教会の墓地にある。横石と教会の建物は非常に近接していて、まるで付属の施設のように見えなくもない。

一八世紀ともなれば、巨石に教会の権威を脅かすほどの力はなかったと思えるが、一六、七世紀の厳格主義の嵐を経験し、ステュークリなどの登場によって、巨石はドゥルイドの神殿であったという解釈が広く知られることになった時代だ。「迷信の対象」というより、明確に「異教の施設」と認定されたわけで、これを「非異教化」すべく、隣に新しい教会を建てたのかもしれない。

教会はサークルの岩には手を加えていないとしていたようだが、岩の数が五つと少なく、南の横石に向かって岩の背が高くなるという配置のルールが守られていない。岩の撤去や配置変えがあったのは間違いないようだ。意図的に異教の施設の「肝」を抜いたというのは、穿った見方にすぎるだろうか。

❖ランディン・リンクス……ファイフ

ゴルフ場の三人

Lundin Links……Fife, Scotland

「ちょっと、あなた、どこに行くの?」と呼び止められたのはゴルフ・コースの入り口だった。ランディンはスコットランド東部、フォース湾に面した小さな村だ。ゴルフ・コースが二つあり、そのうちひとつのフェアウェーのど真ん中に巨石がある。この岩を見るためだけに車を走らせてきたのだ。暗くなる前に写真を撮ろうと気が急いていた。ゴルフバッグではなく、カメラの三脚を担いだ東洋人がふらふらと入っていくのを見て、慌ててクラブハウスからおばさんが現れたのだった。「危ないからフェアウェーに入らないで、フェンス際を歩いてね」と念をおされた。「いろんなゴルファーがいるから。わかるでしょう?」と。

ランディンとゴルフの聖地ともいえるセント・アンドリューズとは車で一五分ほどと非常に近い。一九世紀半ばにつくられた歴史のあるゴルフ場を中心に村がなりたっているようで、大人だけでなく、子どももゴルフを楽しむ。私の入ったのは「女性用コース」ということだったが、一〇歳くらいの女の子がクラブを振り回していた。ボールではなく、クラブが飛んでくるのではないかというような、あやうい手つきだ。「いろんなゴルファー」たちの意味するところがよくわかった。

石は三つ並んでいる。元は四つあって、四柱式寝台タイプと呼ばれるサークルだったらしいが、一本は一八世紀末に宝探しによって破壊されてしまったという。この付近には昔から金が埋まっているという言い伝えがあったのだぞうだ。石は赤茶色の砂岩で、三つともねじれたような、実にユニークな形をしている。最も背の高い岩は高さ五・一メートルあるが、彫刻家ジャコメッティの作る痩せた人物像のようだ。小さな頭のような突起があり、胴の部分にもくびれがある。偶然にしては出来過ぎといえる、洗練された形なのだ。視界の開けた平地に三体並んで立っている様子はさながら彫刻作品の展示のようだし、「三人」と呼びたくなるような愛嬌がある。イギリスの夏特有の柔らかい夕陽を受けると、石のもつなめらかなフォルムがさらに際立って面白い景色だ。日が完全に沈み暗くなる九時過ぎまで、グリーンに座って眺めていた。驚いたことに家族連れのゴルファーも暗くなってほとんどボールが見えなくなるまで、陽を惜しむように遊んでいる。

この「三人」は数千年間の風雪に耐えてきたのだろう。今では時折「いろんなゴルファー」たちの放つ玉にも耐えねばならないに違いない。

❖バロッホミル……イースト・エアシャー

原始美術の岩壁

Ballochmyle………East Ayrshire, Scotland

一九八六年、エア地方の町モーチラインの近く、川沿いの木立の中を犬の散歩中の地元の人が、草に覆われた岩壁に模様のようなものを認めた。草の根や蔦を取り除いて現れたのは大きな岩の壁面二面にびっしりと彫りつけられた古代の巨大な岩絵で、ブリテン島で最も保存状態の良いものの一つだった。

歴史的発見なのだが、なぜか古代遺跡のガイドなどでもあまり触れられていない。周辺に標識もなく、道らしき道もないので、きちんと情報を得て赴かないとたどり着くのは容易でない。かく言う私も資料を忘れてしまい、川沿いの木立の中をあちこち走り回るはめになった。遺跡周辺はほとんど整備されておらず鬱蒼としているが、かえって迫力ある原始の岩絵を見るには似つかわしい環境だとも言える。模様は初期青銅器時代に特有のカップ＆リングマークと呼ばれるものだ。

ブリテン島周辺の巨石文化を担った人々は斧やナイフなどの石器を象ったとみられる模様以外、人や動物などの具象的な絵画を残していない。では絵画的な表現力に乏しかったかというと、そうではなく、ブリテン島中部、北部、アイルランド東部の人々は非常に多くの抽象的な模様を岩に刻んでいる。ブリテン島に広く見られるのは、カップ＆リングマークと呼ばれる模様のグループだ。カップは半球状の窪み、リングは円形の模様で、これらを組み合わせ、線でつなぎ、様々なパターンを岩に彫り込んだものを総称している。このバロッホミルの岸壁に刻まれた岩絵はその典型的なものだ。

これらの模様の持つ意味は長らく議論の的だ。かつてはこれを稚拙な地図であると見る専門家がいた。カップやリングは家やヘンジなどのモニュメントで、線は川や道だというのだ。だが、一見してそれは違うだろうとわかる。そもそも集落の地図を大変な手間ひまをかけて彫りつける意味がない。

最近の研究で、ストーンサークルなどでカップマークが彫られた岩は月の運行と関連するものが多いことがわかってきた。そのため、これを古代の天体図であると見る人も多い。だが、これらの同心円状の「星」には尻尾がついていたり、はしごのような模様でつながっていたり、あるいは角張っていたりと、様々だ。それぞれの形が何であるか、想像することはできても確証はない。オーストラリアのアボリジニの絵のように、極めて抽象化された「世界図」であるという可能性もあるし、同心円、ウロコ模様などは日本の古墳にも多く見られるもので、呪術的な意味合いを持ったものであったかもしれない。シャーマンのような人物が薬物を使用して見たヴィジョンであったかもしれない。

こうした石彫の数々は巨石遺跡が残る地域全般にわたって見られるわけではなく、何カ所かに固まって存在している。ニューグレンジを含むアイルランド北東部のボイン河岸の遺跡群には、ブリテン島周辺で最も表現力に富んだ石彫の文化が花開き、明らかに天体現象を示したと思われる絵が残っている（278頁）。カップ＆リングマークはイングランド北部のイルクリー・ムア、北東部ノーサンバーランド、スコットランド南西部などに集中している。

石彫は年代測定が難しいが、おそらくアイルランド北東部の遺跡の方が年代的に古いとみられている。模様の種類もリングマークや螺旋、波形、ウロコ模様などバリエーションに富んでいる。石彫の技術、表現力なども一見して卓越したものがあり、このエリアの石彫文化がスコットランドやウェールズなどの対岸へ伝搬したのかもしれない。また、フランスのブルターニュのガヴリニス島の古墳内には目のくらむような渦模様、波形が無数の巨石に彫り込まれており、ニューグレンジよりもさらに古い年代に建造されたとみられている。これらの模様の石彫にはどのような文化的社会的背景があるのか、模様を残していない巨石文化の担い手との違いは何なのか、興味はつきない。

上：車輪のような、星の光芒が輪の中に入ったような模様。これと同じシンボルはロッホクルー（280頁）など、アイルランド北東の遺跡に見られる。太陽のシンボルと見る人もいる。
下：岩絵のディテール。
次頁：岩絵が彫られた岸壁の全体。隣にもう一面ある。

巨石の谷、幽霊の谷

Kilmartin Glen……Argyll and Bute, Scotland

❖スコットランド揺籃の地

スコットランド中西部は氷河が作り出した、フィヨルドと呼ばれる独特な地形で、海岸線はとても複雑に入り組んでいる。入り江は深く長く内陸に切り込んでいて、特に長さ数十キロにもおよぶ入り江にはLoch＝ロッホという湖を意味する語が当てられている。つまり、内陸部を移動中、湖が見えてきたなと思うと、実は長い長い入り江だった、というようなことがよくある。

氷河が削りこんだ谷が水没して孤立した陸地は、大西洋岸に島々となって点在している。その間を南北に延びているのがキンタイア半島、その北のナップデイルだ。キンタイアはポール・マッカートニーの歌でも有名だが、この二つの地はわずか一・五キロほどの幅の頼りない砂地でつながっており、将来海面が上昇すると分断され、新たに「キンタイア島」が生まれるかもしれない。

ナップデイルは木々の多い丘陵地で、その付け根にキルマーティン峡谷が広がっている。半径一〇キロほどの狭いエリアだが、ここには古代から中世までの遺跡が実に三五〇ほども集まっている。アイルランド北東部から移住したスコット族が六世紀頃につくったダルリアダ王国の中心地でもあったところで、岩山を利用した自然の要塞、ダナッド・ヒルの砦の頂上の岩盤には王の即位など、政治的儀式に使われたとみられる足形がくっきりと彫られている。傍らには同時代にスコットランド北東部を支配していたピクト人のシンボルであるイノシシの絵も刻まれている。ピクトの王がこの地を制圧した際に彫られたものとも言われるが、この場所で両者が何らかの協定を結んだことを示しているのかもしれない。後に両者が融合してスコットランド王国が成立したので、この場所はスコットランドの揺籃の地ともいえるだろう。

キルマーティンには新石器時代、青銅器時代、鉄器時代、中世初期と様々な時代の墓が密集している。見方によっては数千年にわたって広大な墓地として使用された、「死者の谷」だとも言えるかもしれない。古い教会には碑銘のない、謎めいた中世の騎士の墓が多数あり、これを十字軍などで活躍したテンプル騎士団と関係がある、さらにフリーメーソンの起源とも関連するのではないかとみる人もいる。ビジター・センターでは「亡霊で溢れかえった地」というタイトルの映画を上映していた。いったいどれだけの人間が埋葬されたのかと考えるとあまり気持ちのいいものではないが、ここを「巨石の楽園」と呼ぶ人もいる。これほど多く古代遺跡が集まっている場所は珍しい。一日歩くと数えきれないほど多くの遺跡を見ることができる。

❖テンプル・ウッド・ストーンサークル

峡谷で最も古い古代遺跡は紀元前三〇〇〇年年代から建設が始まった共同墓のケルンで、五〇近くも残っている。原型をとどめ

ダナッド・ヒルの砦の頂上に残る足型。

ダナッド・ヒルの砦はキルマーティン峡谷のシンボルだ。

テンプル・ウッドの南側のサークル。石のひとつには二つの螺旋がつながった独特な模様が彫り込まれている。

ないほど崩れているものもあれば、周囲の土塁も含めて非常に良い状態で残っているものもある。

「巨石の楽園」と書いたが、キルマーティンの巨石はスタンディングストーンと列石だけだ。ストーンサークルはTemple Wood＝テンプル・ウッド、別名ハーフ・ムーン・ウッドのサークルだけで、大きさも使われている岩も小さく、巨石とは言いがたい。だが、たった一つの小規模なものではあるが、反面、これほど「濃く」使われたサークルも珍しい。

テンプル・ウッドには二つのサークル状の遺跡が隣接しているが、これらは実に二五〇〇年もの長きにわたって姿を変えながら使われてきた。サークルは南北に並んでいる。北側の、現在はケルンの廃墟が残っているサークルには、紀元前三五〇〇年頃に丸太を何本か立てたウッドサークルのようなものがあったと考えられている。その後ストーンサークルが造られ、最終的にケルンとなってその役割を終えている。

南側のサークルはもっと複雑な変遷を遂げている。まず紀元前二〇〇〇年頃にストーンサークルが造られた。一七〇〇年頃に外側に埋葬用のケルンが造られ、紀元前一四〇〇年から一二〇〇年頃にサークルの中に石棺の周囲を石で囲んだ埋葬用ケルンが造られ、さらにサークルの中と周囲を石で埋めた、大きなケルンとなったと考えられている。現在残っているのは紀元前一〇五〇年頃に最後の手が入れられた形の名残りだ。ストーンヘンジのように、同じ場所が一〇〇〇年以上の長きにわたって宗教施設として使われた事例はいくつかあるが、二五〇〇年という途方もない時間の中で、一つの場所で丸太を立てたり石を積んだり並べ変えたりが繰り返されたというのは、想像を絶するものがある。

❖月の観測所か？ 独特な岩の配置

キルマーティンの巨石で最もユニークなのは、列石のグループだ。そのうちのひとつ、バリミーノフ（Ballymeanoch）の列石は二列、それぞれ二つと四つの岩からなる石の列がほぼ平行に、北北西—南南東のラインに並んでいるものだ。最も大きな岩は高さ四メートル以上あり、ずらりと並んだ様子はなかなか壮観だ。さらにひとつ、離れたところに独立して立っていた岩があったが、一九世紀に倒壊した。四つの岩からなる列のうちの二つの岩にカップ＆リングマークが彫られており、倒壊した岩にはカップ＆リングマークの他、穴があいていたという。

カップ＆リングマークは月の運行と関連が深いという説がある。この遺跡も、石の列の示す先、北北西

ネザー・ラーギーの列石の中心にある岩。この岩にもカップマークが彫られている。右手奥に二つの列石が見える。

下：バリミーノフの列石。北東側から見た姿。
左：バリミーノフの左上図のＢの岩（下の写真の手前の列の左から二番目の岩）。表面の窪みは全てカップ＆リングマーク

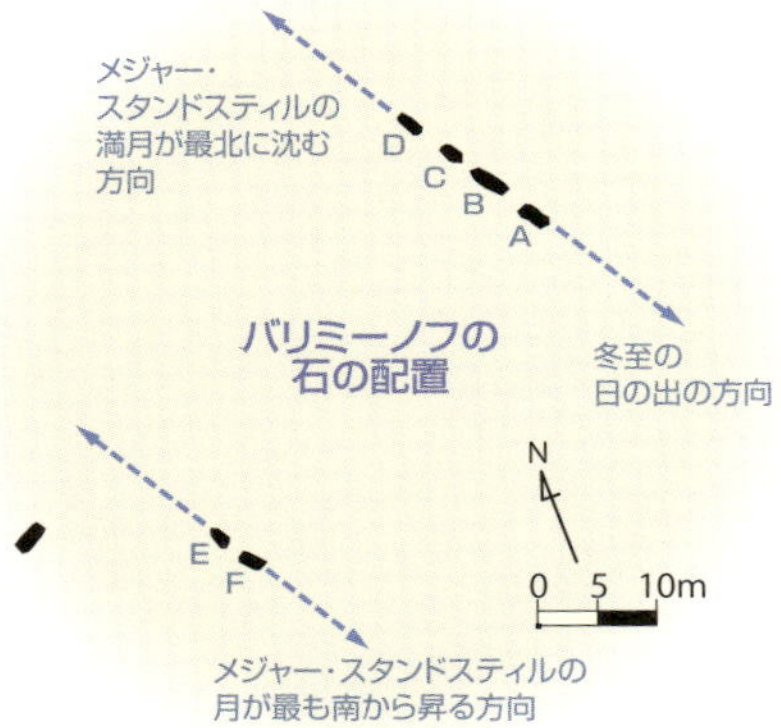

方向は一八・六年に一度、メジャー・スタンドスティル（152頁）の真冬の満月が最も北に沈む方向を、反対側の南南東は冬至の日の出の方角を示しており、この遺跡そのものが月信仰に関わる、さらには運行を観測するための施設だったと考える人も多い。周囲には数多くの墓の跡があり、人骨も発掘されている。

ネザー・ラーギー（Nether Largie）の立石群も月の運行と関連づけられることが多い。カップ&リングマークの彫られた大きな岩を中心に見ると、四つの大きな岩が二つずつ、ほぼ等距離に位置している。それぞれ二組に並んだ岩同士を結ぶとバリミーノフと同じような方角を示す。

これらの遺跡の岩の配置は、他の場所ではあまり見られない独特なもので、何か特別な意味があった

次頁：バリミーノフの北側の四つの列石

のだろうが、石の配置と天体との関連は検証が難しい。太陽や月だけでなく、シリウスやスバルなど、星にまで対象を広げると、一種の迷宮に入り込みかねない。つまり、探しにかかればそれらしき一致、ラインは文字通り、「星の数ほど」ある。

現在、アマチュアを中心に様々に考察されている「考古天文学」の一部がそうした一致と相似の迷宮に深く入り込んでおり、遠く離れた巨石遺跡同士をつないで、ブリテン島全土に広がった天体図とみる人さえいる。

❖原始美術の谷

キルマーティンの遺跡群で、最も特筆すべきものというと、もしかすると屹立する巨石でも巨大な石積みでもなく、岩盤に彫られた石彫の数々かもしれない。この峡谷には初期青銅器時代の石彫が実に四〇カ所近くと、密集して多く残っている「原始美術の谷」であり、ブリテン島で現在知られている古代の石彫では最大規模の「作品」がある場所でもある。

キルマーティンに残る最大の岩絵はアフナブレック（Achnabreck）の山の上の岩盤の三つの大きな露頭に彫られた模様群だ。カップマーク、同心円、渦巻きなどが平面いっぱいに彫られ、リングの大きなものは七重の同心円で、直径九七センチにもおよぶ。スコットランド最大のリングだ。リング、同心円の中央からは長い尻尾のようなものが延びているものも多く、円形に方向性と動感を与えている。他にも一・五キロほど西のやはり小高い丘の上の岩に彫られたケァーンバーン（Cairnbaan）の石彫、カップマークを無数の曲線で囲んだ模様が特徴的なキルマイクル・グラサリー（Kilmichael Glassary）、カップマークの周囲に花柄のように小さな円形を配した模様のオーメイグ（Ormaig）など、さまざまな種類の石彫が残っている。先述したように用途や意味に関しては諸説あるが、単なる装飾ではなく、彼らの世界観と密接に関わるものであることは確かだろう。カップマークをつないで星座として見るアマチュアの研究家も少なからずいるが、なぜか獅子座や海蛇座のようなギリシア起源の既存星座に当てはめようとする傾向が強く、説得力に欠ける感がある。

カップ＆リングマークはブリテン島だけでなく、遠くアイルランド南西の一部、さらにスペインのガリシア地方に残っている。新天地を求めて移住した人たちがいたという証拠、あるいは遠隔地と交易を行なった人たちの足跡であるかもしれない。

石彫は数千年間雨風にさらされてきたため、石彫の凹凸が不鮮明になっていて、日中はあまり模様が判然としないものが多い。

アフナブレックのカップ＆リングマークが彫られた岩盤。

早朝や夕刻など、陽の光が低い位置から岩盤の表面をなめるごく短い時間、くっきりと数千年前に彫られたときと同じ姿を現す。キルマーティンの遺跡の多くが埋葬・死に関わるものであるのに対し、これらの紋様は躍動感に満ち、岩の表面を動き出しそうな生命力をもっているように感じられる。

上：同心円でなくカップマークを線でつないだキルマイクル・グラサリーの岩絵。
左下：岩に広がる水紋のような同心円が彫られたケァーンバーンの岩。右下：アフナブレックのカップ&リングマーク。

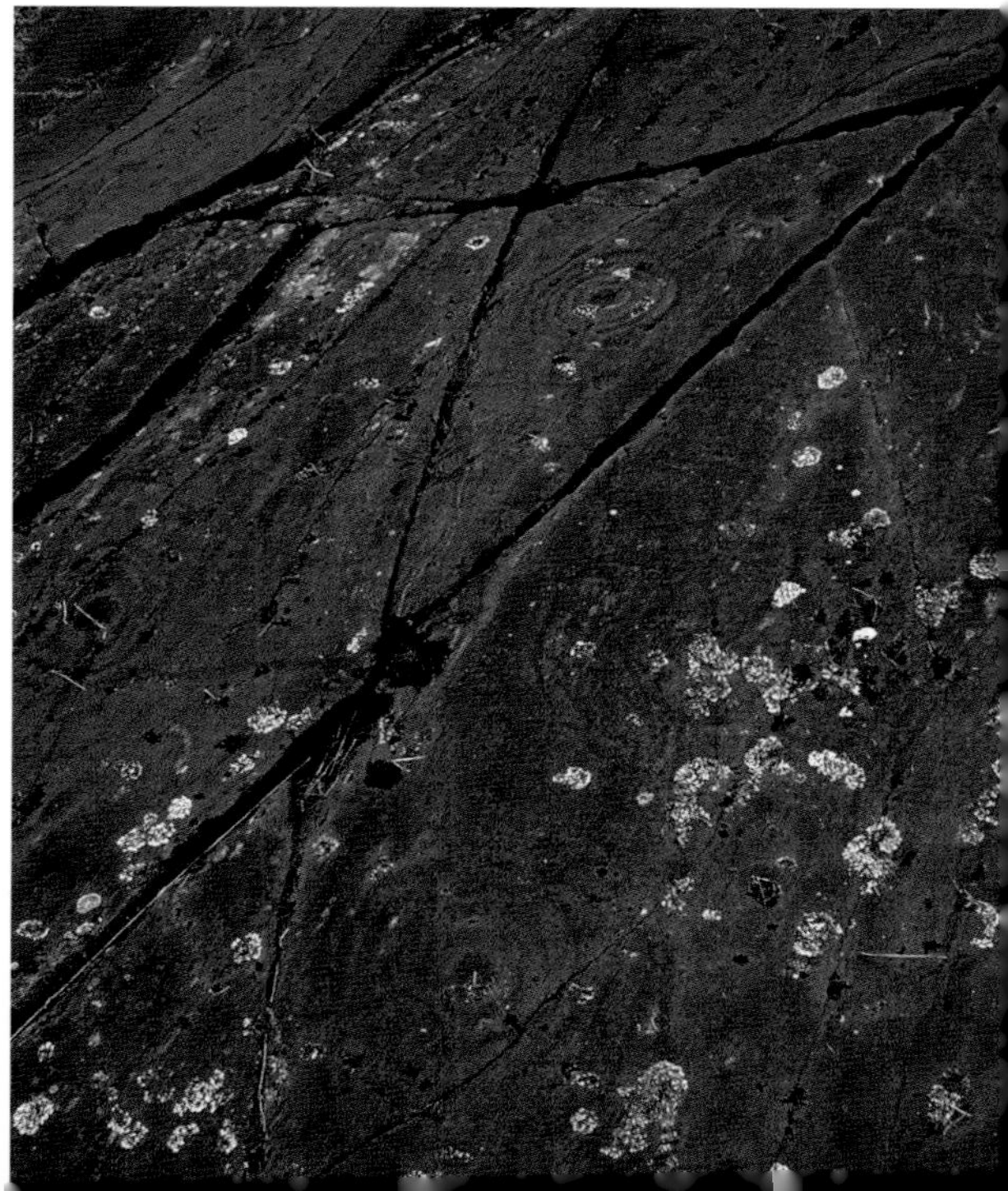

❖マクリー・ムア……ノース・エアシャー

巨人フィンガルの竈

Machrie Moor……Isle of Arran, North Ayrshire, Scotland

アラン島はスコットランドの縮図とも言われる。島の南北で景観、植生などが大きく異なり、南側は本土の南部に似て土地の起伏も穏やかで、豊かな森林があり、北部は険しい岩山が連なった、荒涼とした景色が広がり、本土のハイランドに似ている。気温も数度くらい違うのではないかと思うほど、印象が異なる。この島を周遊すると、スコットランドのいいとこどりができますよ、というのが観光業者のキャッチフレーズで、本土から近く、他の離島への中継点にもなるため、年間一〇万人近い観光客が訪れる。

それに対して島の人口はわずか五〇〇〇人弱で、六〇年代には三〇〇〇人代まで減少したという。近代に入ってからの島の歴史は、囲い込みや「クリアランス」によって小作農や小規模な牧畜が駆逐されていく歴史でもあり、一九世紀前半には土地を追われた農民がカナダ東岸に大量に移住した。ソーダの原料になる海藻を取る産業が盛んだった時期もあるが、これも一九世紀には絶え、前世紀半ばまでに漁業も一度壊滅した。寂れた海岸沿いには小さな家の廃墟が点在している。多くの人が島を追われ、また自ら去り、一時は島の暮らしそのものが危うくなるほどに過疎化が進んだが、現在はようやく、養殖を中心とした新しい形の漁業、観光業を軸に人口も安定してきたところなのだという。

「巨石の時代」の島の暮らしはどうだったかというと、四〇〇〇年前のアラン島は、キルマーティン峡谷周辺で採れた銅、イングランド南西部産の錫、北アイルランドのアントリム州で作られる良質な石斧などの交易の中継地として、活気のある土地だったようだ。北アイルランド産の石斧は遠くスコットランド北東のアバディーンシャーで数多く出土しているが、この交易はアラン島を経由したとみられている。島にはスコットランド北東部のスタイルの石室墓もあれば、アイルランド式の通廊式墳墓もあり、様々な地域からやってきた人々が島に逗留した様子がうかがわれる。

マクリー・ムアは島の西海岸沿いの、ちょうど南北の中央あたりにある山間の泥炭地だ。ストーンサークルが六つ、隣り合うようにして残っているが、これだけの数が隣接しているのは大変珍しいし、それぞれの形状がまた実に個性的だ。花崗岩の丸みのある岩と砂岩の薄い石板を交互に配置したⅠ、背の高い赤茶けた砂岩を並べたⅡ、Ⅲ、丸くずっしりとした花崗岩を五つ並べたⅣ、二重の同心円になっているⅤ、七〇年代末に泥炭の中から発見された、一〇個の小さな岩がいびつな形に並んだⅥと、それぞれに特徴がある。南西アイルランド式、あるいは湖水地方式ともいえる特徴を持ったものがあり、出身地の異なる人々が、それぞれ、自分たちのスタイルの施設を造り、自分たちの流儀で儀礼を行なったのではないかと考えられる。この場所は山の間を縫って夏

フィンガルが棲んだといわれるスタッファ島

左：マクリー・ムアⅠ。四柱式寝台タイプ（151頁）、あるいは五本だったとみられる。一本は石臼にするために壊されたが失敗し、今でも放置されている。

至の朝日が拝める、特別な場所だったのだ。

最も複雑なサークルVは「フィンガルの竃《かまど》」と呼ばれている。フィンガルというのはヘブリデス諸島周辺の伝説の巨人の名だ。このサークルはその巨人が煮炊きをした場所だと言われていた。

島を訪れた際、私の家族はマクリー・ムアの近くの郵便局の二階に住む家族の部屋に滞在した。その家の小学生はひと山越えて島の反対側の学校に通っていた。東洋人を間近に見るのは初めてで、好奇心を抑えがたい様子だったが、彼の持つおもちゃには日本のアニメキャラクターが溢れていた。離島の生活が、ごく局部的に地球の裏側と直結していたのがなんとも奇妙に感じられた。

前頁：一本の岩だけが残ったサークルⅢ。浸食で独特な形に削れている。
上：丸みのある大きな岩と、ごく薄く小さな石板の対比が他に例を見ないほど際立っているサークルⅠ。
下：「フィンガルの竃」と呼ばれたサークルV。100キロほど北の海にスタッファ島という六角柱の柱状節理でできた島があるが、その島の洞窟が「フィンガルの洞窟」と呼ばれ、巨人の住処とされていた。メンデルスゾーンの楽曲のタイトルとしても知られている。

❖ケァーンホリー……ダンフリーズ・アンド・ギャロウェイ

宝のケルン

Cairnholy……Dumfries and Galloway, Scotland

穏やかに凪いだウィッグタウン湾を望む丘の上の遺跡に歩いていくと、靴音に驚いた数匹の野ウサギが慌てて岩の隙間に逃げ込んだ。南西部のギャロウェイ地方には数多くの巨石遺跡がある。この二つの石室墓は最も保存状態の良いものの一つだが、古代人の墓は現在はウサギの巣になっているらしい。

丘の上と中腹に残る二つの墳墓のどちらも、覆っていた土塁が全て失われ、骨組みだけが残っている。保存状態の良い中腹にある方の墓の正面は、立派な石柱が半月型にずらりと並んだ壮麗な造りだ。墓の前のスペースは人々が集まり、儀式を行なう場として使われていたとみられている。

墓は盗掘にあっている。かつてはスコットランドの伝説の王ガルダスの墓とも、スコットランド独立戦争で一三一五年に死んだウィットホーンの司教の墓とも言われていたらしい。遺跡のある丘からウィッグタウン湾を挟んで西側の半島にあるウィットホーンは四世紀末に聖ニニアンによってスコットランドで初めてのキリスト教会が建てられた場所だ。

ケァーンホリーの名は「宝のケルン」を意味する言葉Carn Ulaidhに由来するとも言われる。一番の墓からはアラン島の西海岸で採れる濃緑色の黒曜石のようなピッチストーンという石でできた道具が出土したという。墓が作られた時代には非常に貴重な交易品、一種の「宝」であったかもしれない。

左：保存状態の良い1番。中央二つの石柱の間が非常に狭い入口に見えるが、それはシンボリックなものだ。実際は棺の上の屋根部分に入口が作られていて、数世紀にわたって使用されていた。
次頁：丘の上にある2番のケルン。崩れて、入口の二つの石柱がかろうじて立っている。

❖トゥウェルブ・アポストゥルズ……ダンフリーズ・アンド・ギャロウェイ

一人足りない「十二使徒」

Twelve Apostles……Dumfries and Galloway, Scotland

この遺跡は損傷が激しく、ほとんど原型をとどめていない。訪れる人も多くはないだろうが、住宅地で道を尋ねようと車窓から顔を出すと、こちらが口を開く前に「ストーンサークルだろ?」という反応が返ってきた。おそらくこの近辺でうろうろする外国人の行き先といえば決まっているのだろう。

南西部の都市ダンフリーズの北約五キロ、ホリーウッド村の南にあるこの遺跡は、今は見る影もないが、かつては八六×八〇メートルほどと、ブリテン島で七番目に大きな威容を誇ったサークルだった。さらにこのエリアにはかなりの規模の宗教施設があったとみられている。地上からはわからないが、航空写真で、ストーンヘンジの北方にあったような直線状の長い土塁＝カーサスの痕跡が二つも発見されたのだ。

十二使徒とはキリストの使徒のことだが、関連する伝説があるわけではない。単に石の数にちなんだ名だ。遺跡は牧草地に広がっているが、近年訪れた旅行者がこんな話を聞いたという。

あるとき、牧場主がトラクターで岩を取り除こうと考えた。岩に近づくと、にわかに空が曇りはじめ、岩に鎖を巻き付けると、空が真っ暗になってきた。エンジンをかけると、とうとう大嵐になり、轟音とともに雷が岩に落ちた。畏れおののいた地主は急いで鎖を外し、這々《ほうほう》の体で逃げ出して二度とそんなことをしようとは思わなかったという。トラクターが登場するので現代の話だが、内容は各地に残る「馬数頭でも動かせなかった」、あるいは動かした後、次々と厄災がふりかかったというような数世紀前の伝説と何ら変わりない。言い伝えというものが、こうして「改訂」されながら生き続けていくことがよくわかる。

実際には十二使徒という名前がつけられた後、岩は運び去られている。現在は十一しかないのだ。一つを持ち去って自宅の納屋を建てるのに使った男は、「俺はユダを外してやっただけだよ」と、うそぶいていたという。これもまた新しくできた「伝説」かもしれない。

上：元は18個の岩があったとみられている。今はほとんどが倒れ、立っているのはわずか5個だけだ。
左：サークルの周辺からはかなりの量の石英のかけらがみつかったという。好奇心旺盛な羊が三頭、岩に隠れながらこちらを見ていた。三頭目は右側から片耳だけ見せている。

❖バルヌアラン・オブ・クラヴァ……ハイランド

黄泉の世界へ向く遺跡

Balnuaran of Clava……Highland, Scotland

スコットランド北東、ハイランド最大の都市インヴァネスの東約一〇キロほど、ネァーン川沿いの木立の中に非常に状態の良い青銅器時代の三つのケルンが残っている。近くにはスチュアート朝の再興を目指したジャコバイトとハイランド氏族の戦士たちがイングランド軍に壊滅的大敗を喫した一八世紀の古戦場カロデンがあるので、歴史好きが多く訪れる場所だ。

三つのケルンは北東−南西ライン上に隣接して並んでいる。両端の二つが通路つきの墳墓で、中央のものは入り口のないリング・ケルンだ。三つ全ての周囲にストーンサークルが土星の環のように取り巻いている。いずれも直径一五、六メートルほどのケルンで、内部の石室は中央に円形のものがひとつで、一人か二人の埋葬用だ。石室の中に入ると、ちょうどすっぽりと頭の上まで石積みの中に入る。決して大きくはないが、ケルンの内部の石室と外側は大きな岩の縁石に縁取られており、大変重厚な造りだ。いくつかにはカップマークが彫られている。

カップマークあるところ天体の運行と関連した配置あり、という説を証明するかのように、三つのケルンの配置も、ケルンの石室に続く通路も、冬至の日の日没の方向、あるいは月が最も南に沈む方向に合わせてある。ケルンの周囲のストーンサークルの高さも、ケルンの縁石の大きさも南南西に向かって高く、大きくアレンジしてある。横石タイプのサークルとも共通性を持っている。通路が南西を向いているのはオークニーのメーズ・ホウ（198頁）と同じだが、冬至の日という、一年で最も力のない太陽が沈む方角を、ある種の黄泉の世界の方向と考え、死者の魂が向かう方角だと考えたのではないかと考える人もいる。墳墓の周囲に彫刻などを施した大きな縁石があり、さらにストーンサークルが取り巻いているというのは、アイルランドのニューグレンジにも共通する形だが、あちらは冬至の日の朝日が石室に入るように設計されている。同じ文化的背景を持ちながら、異なった意味を与えられた施設なのか、それとも全く異なった考えのもとに造られているのか、興味深いところだ。

南西方向に入り口が向いていて、周囲をストーンサークルに囲まれた、このスタイルの石室墓つきケルンはこの遺跡の名をとってクラヴァ・タイプ・ケルンと呼ばれ、インヴァネス周辺に集中して約五〇ほど残っている。

❖ヒル・オ・メニー・ステインズ……ハイランド

石だらけの丘

Hill o' Many Stanes………Highland, Scotland

その名の通り、「石だらけの丘」だ。スコットランドの北東の端、ケイスネスの南海岸にほど近い丘の上に、約二五〇ほどの小ぶりな岩が二二列のライン上に整然と並んでいる。なんとも不思議な光景だ。それぞれの列は平行ではなく、ほぼ南北方向に、南側に開く扇型に並んでいる。岩はいずれも一抱えほど、小さなものはボール大くらいなので、巨石とは言えないが、巨石文化の産物であることは確かだ。もとは実に六〇〇ほどの岩が並んでいたともみられている。

用途は全く不明だ。形式はフランスのブルターニュ地方の巨石遺跡カルナックの列石によく似ている。アレクザンダー・トムはこれらを太陽や月の運行を詳細に観測するための観測所と考えた。石を並べたラインを軸に、それぞれの石を目盛り代わりにし、詳細な位置の確認をしたのではないかという仮説だ。だが、彼がカルナックで「天体観測のための照準点」だと考えていた大きな立石は、複数の岩からなる構造物の一部だったことがわかり、彼の説は大きな拠り所を失ってしまった。この列石も、現在は周辺に似たものが二〇以上も見つかっており、天体観測という実用的な目的で造られたとは考えにくい。用途は謎のままだ。

❖リング・オ・ブロガー……オークニー

北の果ての「巨石の都」

Ring o' Brodgar…………Orkney Islands, Scotland

スコットランド本土最北端のダネット・ヘッドから北に一〇キロ弱、大西洋と北海の出会う冷たい海にオークニー諸島はある。距離的には本土から手こぎボートでも渡れそうなくらい近いのだが、間に横たわるペントランド海峡はブリテン島周辺で最も危険な海と呼ばれ、西方から吹き付ける強い風が両者を隔ててきた。

七〇ほどの大小様々の島のうち一六島に人が住んでいて、最も大きな島はメインランド＝本土と呼ばれている。ではスコットランド本土、さらにブリテン島全体をどう呼ぶかというと、おおざっぱに「南の方」と呼んできたらしい。オークニーと本土との間には実際の距離よりもはるかに大きな文化的社会的隔たりがあり、長い年月をかけて独自の世界が育まれてきた。

石器時代から青銅器時代にはブリテン島本土やアイルランドと同様に非常に早い時期に巨石文化が栄えた。アイルランド北東部との非常に強い結びつきを示すものが多く見つかっている。アイルランドから移住した人々が拓いた地であったかもしれない。

鉄器時代にはスコットランド北東部を支配したピクト人の一大居住地があった。ヴァイキングによる略奪の嵐が北ヨーロッパを吹き荒れた時代にはいち早く侵入を受け、一五世紀までスカンジナビア人の植民地になる。現在オークニーの独自性を際立たせる文化的特質のかなりの部分が北欧起源のものだ。大英帝国がスペインと覇権を争った大航海時代には、戦いに破れ、南への退路を断たれたスペインの無敵艦隊がオークニーの北を通り、ブリテン島をぐるりと迂回して敗走した。船を失ったスペイン兵の一部がこの地に定住する道を選んだという。私が宿泊した家の夫人はその血をひいていると語っていた。「夏になると血が甦って褐色の肌になる」のだと。第二次大戦時にはドイツのUボートの侵入を防ぐため、チャーチルが膨大な量のオークニーの岩を使ってメインランドと南のバレイ島、サウス・ロナルドセイ島をつなぐ巨大な海の防壁を造った。現在も三つの島は道路でつながっている。

様々な人々が島の歴史に参加し、その痕跡を島に残してきた。

上：石畳の細い路地が続くカークウォールの町並み。
左：風化し、裂けているサークルの岩。

堅牢な作りのピクト人の城塞と不思議なシンボルマークが彫られた石碑、ヴァイキングの居住地跡、スカンジナビアの貴族が造った壮麗な大聖堂や、一七世紀のフレンチ・ルネサンス様式の優美な建築、第二次大戦中のイタリア人捕虜たちによる手作りのカトリック教会など、この小さな島々には実に多彩な施設が残っている。その中で、最も大規模かつ傑出したモニュメントを残したのは、この島に暮らした最初の住民、巨石人たちだ。数百にもおよぶスコットランド最大規模の遺跡群が島の景観の大きなアクセントとなっていて、この島々が古代においても「周辺」ではなく「メインランド」であったことをうかがわせる。

巨石は島々に点在しているが、白眉はメインランドのリング・オ・ブロガーとステンネスの二つのストーンサークルだ。島の中央のハレー湖とステンネス湖の間の細長い土地に立つこれらは北ヨーロッパで最も見事な巨石遺跡のひとつといえるだろう。

リング・オ・ブロガーは直径一〇三・六メートルと、イギリスで三番目に大きなストーンサークルだ。かなりの余裕をもってみても一五〇〇人は収容できたとみられる。ヘンジ・モニュメントだが、現在は直径一二三メートルの堀だけが残っている。砂岩の板状の岩が元は六〇個あったとみられるが、現在残っているのはわずか二九個だ。それでも深い入り江と湖に挟まれた平地に整然と並ぶ石板のシルエットは非常に印象的で美しい。サークルの南西の少し離れたところにずんぐりとした「コメット石」と呼ばれる立石があり、すぐ近くに二つの岩の残骸がある。おそらくこれらはエイヴベリーやスタントン・ドゥルーにあるものと同じようなコーヴだったとみられる。

ブロガーはほぼ真円のサークルだ。隣にあるサークル、ステン

ネスに三日月型に岩が残っているため、かつてブロガーを太陽の神殿、ステンネスを月の神殿と考えた考古学者もいた。また、アレクザンダー・トムはブロガーを「ブリテン島に残る最も完璧な月の観測所」と呼び、周囲に点在する円形の埋葬用土墓とサークルとを結ぶいくつかの線とメジャー・スタンドスティルにおける月の軌道との関連を指摘した。この解釈には異論も多いが、この場所が非常に視界の開けた場所であり、月や星を見るには最適だったことは確かだろう。

上：1862年に描かれたハレー湖、ステンネス湖周辺の遺跡。手前がメーズ・ホウの墳墓、二つの湖の間にのびる細長い土地の左側にステンネスの、右端にブロガーの巨石が見える。
下：板状の砂岩が整然と並ぶ。元は倍以上の数の岩が並んでいたというので、岩同士の間隔ももっと狭かったのだろう。サークルには北西と南東に広い入り口が作られている。

❖スタンディングストーンズ・オ・ステンネス……オークニー

壊された誓いの石

Standing Stones o' Stenness............Orkney Islands, Scotland

高さ四・八メートルから五・七メートルの巨大な石の板が見晴らしの良い平地に鋭利な刃のように立っている。なんとも不思議な、非現実的な風景だ。岩の形、大きさ、配置や間隔など、現代の作家による彫刻作品だと言われてもうなずけるような作為があるように感じられるが、実は元は一二個の岩があったサークルの残骸だという。一本は半分に折れている。岩はリング・オ・ブロガーと同じく、この近辺で採れる板状に割れる砂岩で、厚みはわずか三〇センチほどしかない。これもまたヘンジ・モニュメントで、今は堀の跡が残っている。紀元前三一〇〇年頃と、最も初期の巨石遺跡のひとつで、ブロガーよりも先に建設されたとみられている。人口の増加により、手狭になったステンネスの代わりに、ブロガーを造ったと見る向きもあるようだ。

サークルの中には背の低い二つの立石と横に寝かせた石板のセットがある。コーヴではないかともみられているが、これらをめぐっては様々な議論があった。一八一四年にこの地を訪れたサー・ウォルター・スコットは、サークルの中に横たわる石板を見て、「生贄の儀式が行なわれた祭壇だったのだろう」と、当時流布していたドゥルイドのイメージと重ねた。その後、一九〇七年に一人の考古学者の独断により、テーブル型のドルメンが「復元」された。キャップストーンは新たに付け加えられたものだったという。キャップストーンは一九七二年のハロウィーンの夜に酔っぱらいが引き倒してしまったことになっているが、無理矢理造られたドルメンを快く思っていなかった地元の人々による意図的な破壊だったとも言われている。

ステンネスの周辺にはサークルと関連があったとみられる岩がいくつか立っている。北東一一九メートルの所にはウォッチ・ストーンと呼ばれる高さ五・五メートルを越える岩があり、かつてはサークルへと続くアヴェニューか列石の一部であった可能性がある。もし、サークルの一二個の岩に加えて五メートル級の岩がずらりと並んで立っていたとしたら、その姿は実に壮観だったにちがいない。

サークルの北一三〇メートルほどのところにはかつてオーディンの石と呼ばれた穴のあいた岩が立っていた。オーディンとは戦争と死を司る北欧神話の主神だ。オーディンの石は高さは約二・五メートル、幅一メートルほどだったとみられているが、これは地域の住民にとって非常に重要な岩だった。最も重要な役割は結婚の誓いに関するものだ。結婚を望む若いカップルはまずステ

ンネスに赴き、女性は男性の前でひざまずき、オーディンの神に、自分の前にいる男性との約束、そして義務を果たさせてくださいと祈る。その後、ブロガーに移動し、男性が女性の前でおなじようにひざまずき、祈る。最後に、二人はオーディンの石に赴き、それぞれが岩の両側から右手を穴に通して握り合い、互いに心変わりせず、誠実であり続けることを誓ったという。こうした岩の穴を通して結ばれた誓いは「オーディンの誓い」と呼ばれ、極めて重い誓約と考えられていた。一八世紀初頭に処刑されたオークニー出身の海賊ジョン・ゴーは地元の娘と「オーディンの誓い」を立てていたが、この誓いを無効にするため、許嫁の娘は、はるばるロンドンまで赴き、さらしものになっていたジョン・ゴーの亡骸の手を握ったという逸話が残っている。

　島民にとって大切なオーディンの石だったが、こともあろうに一八一四年、島の外から来た新しい地主に破壊されてしまった。この男は自分の所有地に遺跡があると人が出入りして迷惑だと、これらを全て破壊することにし、手始めにオーディンの石を壊した。続けてステンネスも破壊すべく準備していたが、元々島民に好かれていなかった男は、この暴挙によって激しい怒りを買い、家や領地に放火されるなどの報復をされたため、破壊をあきらめたのだそうだ。この男がもう少し頑固であったら、ステンネスの岩はきれいさっぱりなくなって、彼の納屋の壁にでも使われてしまったかもしれない。

薄さが際だつステンネスの岩。板状に割れる砂岩を使っている。

サークルの中に残るコーヴ型の石組み。

右：オーディンの石を描いた1807年の絵。
壊される前の絵だが、正確な描写ではないと言われている。

❖スカラ・ブレイ、メーズ・ホウ……オークニー

「まるで昨日まで人が住んでいたみたいだ」

Skara Brae, Maes Howe……Orkney Islands, Scotland

オークニーの変わりやすい天候を、地元出身の詩人ジョージ・マッカイ・ブラウンは、こんな風に書いている。

「果てしなく広がる空に、太陽、雲、海霧と雷、そして雨が織りなすダンスを全て一日で見ることができる」と。

　大西洋から吹き付ける風は強く、水平線の彼方の雲がみるみるうちに迫り、晴天が一転して大荒れの天気になることも珍しくないという。風が強いため、背の高い木は生えない。島の人たちはいつも強い風の中で生活しているので、ある日、風が止んだらみんな転んでしまった、というジョークがあるくらいだ。

　スカラ・ブレイの遺跡は一八五〇年の冬、大嵐が島を襲った際、メインランドの西海岸沿いに吹き荒れた強風によって砂地の中から現れた石器時代の住居跡だ。五〇〇〇年という時の経過が信じられないほど見事な状態で残っていて、まるで昨日まで人が住んでいたみたいだと言われた。紀元前三一〇〇年頃から二五〇〇年頃まで、大きく分けて二つの時期に使われ、現在残っているのは主に後の時代に造られた住居跡だ。まさに、ステンネス、ブロガーの巨石群を築いた人々、「巨石人」が暮らした場所と考えられている。

　六つの住居と工房が通路でつながっているが、石のベッド、台所、ドア、収納スペース、ゴミ捨て場、そして最も印象的なのは、各家のセンターにマントルピースのような、飾り棚のようなものがあることだ。現代であれば、家族の写真や記念品などを飾

発見された用途不明の不思議な石の道具

正面が「飾り棚」と呼ばれているもの。現在遺跡は海辺にあるが、かつては海岸線はもっと離れていたという。

スカラ・ブレイの別の部屋。住居数が少ないので、特権階級など、選ばれた人たちの住まいだったとみる人もいる。

ろうかというもので、ここにどのようなものを置いていたのか、とても興味深い。とてもリアルな生活のにおいがする。遺跡からはサイコロのような遊び道具とみられるものや、イボイボの表面の不思議な用途不明の石のボールなども見つかっている。集落にはわずか六つの住居しかないが、同様の施設の跡は島内にいくつか見つかっており、巨石モニュメントの建造などは点在した集落から労働力を糾合する形でなされたとも考えられている。

生活の場所があれば、当然、死者の眠る場所もある。数多くの円形墳墓があるが、リング・オ・ブロガー、ステンネスの傍らに残る、ひときわ大きな墳墓がメーズ・ホウだ。巨石遺跡と同時期につくられたと見られる円形のマウンドは、高さ七メートル、直径三五メートルで、周囲を堀に囲まれている。マウンドは石室墓を覆ったもので、石室には九メートルにもおよぶ真っすぐな通路がついている。こうした形式のものは通廊付墳墓と呼ばれ、アイルランド北部に多く見られるものだ。通路はマウンドの中心から南西に伸び、冬至の日の夕日が入り口から入り、内部の石室の壁を照らすように造られている。内部の構造は驚くほど巧みにできており、板状の岩を木材のように隙間なく組み上げた精巧な構造は、同時期の主要な世界文明の建造物と比較しても何ら遜色ないといえるものだ。

墓であることは明らかだが、この施設の用途をめぐっては様々な議論がある。権力者の家系の墓なのか、多くの人を埋葬した集合墓地なのか、発掘ではわずかな人骨、馬の骨の他、目立ったものは発見されていないので、わからないのだ。人骨があまりないのは、一二世紀に墓を破ったヴァイキングたちの略奪によるとも言われているが、それも確かではない。石室の壁には十字軍に

メーズ・ホウの外観。

参加する途中で侵入したヴァイキングによるドラゴンの線刻画、ルーン文字による落書きが多数残っている。「十字軍参上」「宝があると聞いて来てみたぜ」あるいは「宝はすでに運び出されているじゃないか」「ホーコンの奴が宝を独り占めしたんだ」といった落書きはあるが、人骨まで持ち出したというのは少し考えにくい。もともとこの施設は埋葬用というより、何らかの儀式を行なう場所だったのではないかと考える研究者もいるようだ。

ヴァイキングたちの落書きには「西の海で俺ほどルーン文字が上手い者はいないぜ」とか、「美しい未亡人インギビョルグ」「インギゲルドほどの美人は見たことないよ」といった楽しいものもある。ホーコンとはノルウェー王のことかもしれない。本当にホーコンはお宝を持ち去ったのだろうか。

1862年に描かれたメーズ・ホウの石室内部。精緻かつ堅牢な石組みは誇張ではない。正面の穴が通廊への出入り口。

❖カラニッシュ……アウター・ヘブリデス

踊る月の神殿

Callanish……Lewis, Outer Hebrides, Scotland

イギリス各地とアイルランドの様々な巨石遺跡を巡り歩いたが、最も印象深い場所をひとつ挙げるとしたら、迷わずこの遺跡を選ぶだろう。スコットランドの西北の果て、アウター・ヘブリデス諸島の最北にして最大の島ルイスの中腹、ローグ湖を望む丘の上に立つ、大変美しい遺跡だ。

ヘブリデスという言葉はヴァイキングの「この世の果て」を意味する言葉に由来するという。現在でも、アウター・ヘブリデス諸島はイギリス、いやヨーロッパでも最も「遠い」場所のひとつといえるかもしれない。自然環境も人々の暮らしも、ブリテン島の他の場所とは大きく異なる。ルイスは中世のユニークな表情のチェスセット「ルイスのチェスメン」が見つかった島としても知られているが、厳密にいうと島そのものではなく、一つの大きな島の北の部分だ。同じ島の南三分の一ほどはハリスと呼ばれる。「この世の果て」とは言っても、本土からフェリーで三時間弱、本土と橋でつながっているスカイ島の西の端からは一時間四〇分と、比較的短時間で渡れる。東京から伊豆大島に渡る方が時間がかかるだろう。だが、ルイスの港に着くと、確実に世界は変わる。フェリーの発着するストーノウェイから一歩外に出ると、木のほとんど生えていない湿原と大小の無数の湖が延々と続く荒涼とした世界が広がり、大西洋からの寒風が絶え間なく吹きつける。島はフィヨルド地形で、長く深く切り込んだ入り江の岸壁には様々な海鳥が舞う。ゴツゴツとした岩肌がむき出しになった山々を抜け、ハリスに入ると、まぶしいほどに輝く白い砂浜が広がっている。厳しく、荒々しく、寂寥感漂う景色だが、たとえようもなく純粋な美しさがあり、深く心に残る。

ここにはアイルランドの一部と同じく、ケルト系言語であるゲール語を話す人々が多く暮らしている。ヴァイキングの血も残っている。敬虔な人々が多く日曜はほとんどの商店が閉まり、フェリーも運行せず、町は人影も少なく、異様なほど静まりかえっている。元々の厳しい生活環境に加え、一九世紀の「クリアランス」によって小作農が追い出されたため、過疎化の一途をたどっていたが、近年はこの静けさと自然環境を求めて移住するアーティストなどもいるようだ。観光客も年々増えている。

ルイスにはたくさんの巨石遺跡があるが、最も大きなものがカラニッシュ

19世紀の版画。遺跡の周りで泥炭を掘っている様子。

だ。かつては「スコットランドのストーンヘンジ」と呼ばれたこともあるが、形状に共通点はなく、一般的なストーンサークルとも大きく異なる形をしている。二重のリング状の列石から東西南方向に短い石の列、北側に八〇メートルにもおよぶ二重の石の列のアヴェニューがつながった、全体に十字形をした大変に規模の大きな遺跡だ。中心部には円形の小さな墓がある。形状がアイルランドに多く見られる、中央部に環を重ねた「ケルト十字架」によく似た形をしているし、アイルランドから渡って来た人たちの子孫が住んでいることから、かつてはキリスト教との関連を示唆する人もいたようだが、もちろん、これは紀元前二五〇〇年頃まで遡る初期青銅器時代の遺跡で、キリスト教と何の関連もない。

アイルランドとの関連は巨石時代にも認められ、アイルランド北東部とオークニー諸島を結ぶ海路の中継地だったのではないかとも考えられている。

ルイスには他にも三つのサークルがあり、数多くのスタンディングストーンがある。アウター・ヘブリデスの他の島にも巨石は多い。初期青銅器時代にかなり多くの人が住んでいたとみられる。実際に訪れると、なぜこのように自然環境が厳しい場所にと疑問に思うのだが、彼らが住んでいた時代には気候はもっと温暖で、樹木も多く生えていたようだ。寒冷化、多雨化によって環境が変わり、長い年月を経て泥炭が深く堆積した湿地帯という現在のような土地が出来上がった。カラニッシュの遺跡も半分以上が泥炭に沈んでいたという。

遺跡は紀元前一七〇〇年頃までいくつかの段階を経て徐々に大きく造られていったとみられている。最初は中央の大きな岩だけが立っていた。約三〇〇〇年後、その周りに直径一〇メートル強ほ

どこまでも岩山が続くハリスの風景。

サークルからアヴェニューを見た姿

どのサークルが造られ、紀元前一七〇〇年頃にはさらに石の列が付け加えられた。中央の墓は数世紀後に別の人々によって付け加えられたものとみられるが、一度破壊され、さらに後年、もういちど修復されるという不思議な経過をたどっている。岩は様々な形をした板状のもので、サークルの中央にある最も高いものは四・八メートルにおよぶ。

サークルにアヴェニューがつながっている遺跡はエイヴベリーをはじめいくつかあるが、十字形に腕が延びているものは他に例がない。この独特な形とその意味については、非常に興味深い話がある。紀元前のギリシアの学者がこの遺跡について言及していた可能性があるというのだ。

それはギリシア時代の様々な書物に登場するヒュペルボレオイという北の果ての国に関する話だ。紀元前五五年に歴史家ディオドロスはヒュペルボレオイは、ケルト人が住む地よりさらに北の海にあり、シチリア島より大きい島で、アポロンに捧げた巨大な石囲いと円形の神殿がある、とし、この島では「月は地平線のすぐ上を動いていく」と記している。また、「春分の日からプレアデス星団が昇る時期まで、月は住民の弾くチターの調べに乗って踊り続ける」、「神は一九年に一度島を訪れる」とも書いている。

この「島」をブリテン島と考える人が少なからずいたようだ。確かにケルト人が住んでいたヨーロッパよりさらに北の大きな島というと、それらしく思われる。「巨大な石囲い」はストーンサークルのようだし、「円形の神殿」をストーンヘンジと考える人もいたようだが、ストーンヘンジの緯度では、月が地平線のすぐ上を水平に移動するということはない。だが、カラニッシュではまさに、一八・六年＝約一九年に一度月が最も南に沈むとき、南北

カラニッシュの岩の配置と天体現象との関連

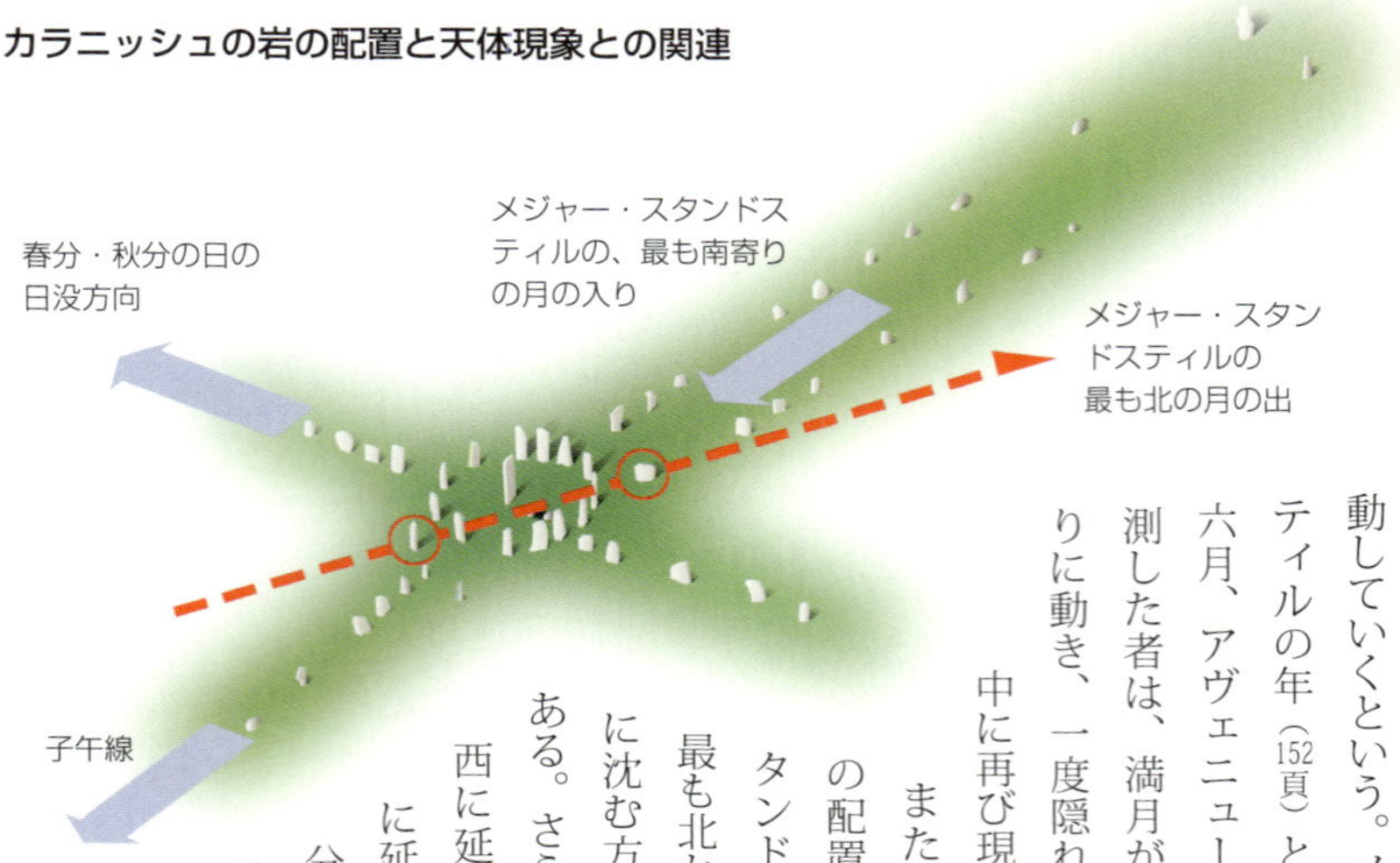

に延びるアヴェニューに沿って、地平線のすぐ上を水平に移動していくという。メジャー・スタンドスティルの年（152頁）となった一九八七年の六月、アヴェニューから満月の動きを観測した者は、満月がまさに水平線ぎりぎりに動き、一度隠れたあと、サークルの中に再び現れたのを見たという。

　また、カラニッシュの石の配置には、メジャー・スタンドスティルの年の月が最も北から昇る方角、最も南に沈む方角と一致するものがある。さらに、サークルから東西に延びた石の列のうち西に延びたものは、春（秋）分の日没点に向かって伸び、東北東に延びた腕は石の列が造られたと見られる紀元前一七〇〇年頃にプレアデス星団が昇った方角に合っているという見方もある。

　数学者であり天文学者でもあったエラトステネスはヒュペルボレオイの神殿には「翼がついている」と、書いており、これを東西に延びた石の列のことではないかと考える者もいる。巨石の時代とギリシア時代ではいかにも時間的隔たりがあり、なんとも不思議な話だが、ディオドロスが記した島はルイス島にちがいないと考える人は少なくないようだ。

　オーブリー・バールはもう一つ「不思議な一致」について書いている。この地に残る伝説の一つに、遺跡は南方から来た巨人が造ったもので、夏至の日には「光輝く者」が「アヴェニュー」を歩いた」というものがあるらしい。はたして数千年前に行なわれた儀式の記憶が、民族や文化的違いを超えて残り続けるなどということがあるのだろうかと。

　カラニッシュの岩はキリスト教に改宗することを拒んだ巨人たちを、聖キアランが罰として石に変えたものだという伝説もある。この伝説と関係あるかどうかはわからないが、地名は「悲しみの地」という言葉に由来するらしい。丘の上にあるため遺跡はかなり離れたところからも見えるが、夕暮れどきに丘の上の岩のシルエットを見ると人が集まって夕日を眺めているような、どこか寂しげな印象がある。

MEGALITHS OF
ALES

ウェールズの巨石

ウェールズの石は意志をもっている。言葉を語る。
人の手を借りることなく歩きまわるが
無理に動かそうとすればテコでも動かない。
あるときは大きく膨れあがり、またあるときは小さく縮んだり、自由自在だ。
悪しき心をもって触れる者にくっついて離れなくなることもあるし、
姿が見えなくなったり、ポケットいっぱいの金に化けたり、
持ち主の希望に沿うように自らを変えたりもする。
そんな様々なウェールズの石の伝説を追って、
我々は妖精の地を彷徨い、
教会の敷地に足を踏み入れ、
魔法にみちた伝説を、あるいは聖人の高潔な物語を聞き、
あるときは魔術師の、またあるときは修道士の話に耳を傾けるのだ。

ウィルト・サイクス
『ブリテン島のゴブリン』1881年、より抜粋、著者訳

W

写真：ペントレ・アイヴァンのドルメン（216頁）

アイリッシュ海
アイルランドのダブリンなどへ
ホリヘッド
ホリー島
❽ Penrhos Feilw
ISLE OF ANGLESEY
アングルシー島（モナ）
メナイ
バンゴール
❼ Bryn Celli Ddu
ペンマインマウル
古代の銅山
グレート・オルメ・マイン
コルウィン・ベイ
コンウィ
❾ Druid's Circle
CONWY
コンウィ
スノードン山
スノードニア国立公園
リヴァプール
チェスター
スランゴスレン
シュルーズベリー
❶カレグ・コエタン・アルシェル……p.214
❷ペントレ・アイヴァン……p.216
❸セント・ラザンズ……p.220
❹マイン・スリア……p.224
❺フォー・ストーンズ……p.227
❻ハロルズ・ストーンズ……p.228
❼ブリン・ケスリ・ディー……p.230
❽ペンロス・ベイルゥ……p.233
❾ドゥルイズ・サークル……p.234
アベリストウィス
カーディガン湾
ENGLAND
WALES
❺ Four Stones
❶ Carreg Coetan Arthur
❷ Pentre Ifan
フィッシュガード
ニューポート
プレセリ山地
PEMBROKESHIRE
ペンブロークシャー
カーマーゼン
POWYS
ポーイス
ブレコン・ビーコンズ
国立公園
❹ Maen Llia
モンマスシャー
MONMOUTHSHIRE
❻ Harold's Stones
ストーンヘンジに
ブルーストーンを運んだと
考えられるルート
スウォンジー
アイルランドのコークへ
カーディフ
THE VALE OF GLAMORGAN
ヴェイル・オブ・グラモーガン
N
ブリストル海峡
❸ St. Lythans
0
50km
100km

ウェールズと巨石

ウェールズという国名の語源は、アングロ・サクソンの言葉で、「異国人」を意味する。ブリテン島からローマが去った後、ブリトン人は北のピクト人、西のスコット族に対抗するため、現在のドイツ北方付近に住んでいたアングル、サクソン、ユートといった民族を傭兵として受け入れ、居住地を与えるが、彼らは急速に領土を拡大し、7世紀頃には、ブリトン人は現在のウェールズ、コーンウォール地方、湖水地方やスコットランド南西部に追いやられる。

皮肉にも「異国人」という言葉は国名になるが、ウェールズ人は自らの国をカムリと呼んでいた。現在でもケルト系言語のウェールズ語が使われ、ケルト起源の文化・風習も色濃く残っている。ウェールズの神話、伝説、民話などの口承文芸を元にした中世の散文集『マビノギオン』は、アーサー王伝説の元になったものと言われるが、ウェールズの巨石にはアーサー王の名を冠したもの、『マビノギオン』の物語、あるいはウェールズの伝説の詩人タリエシンの物語に関連すると思われる名前を持つものが多数ある。

ウェールズの巨石はドルメンやスタンディングストーンが多く、ストーンサークルはさほど多くない。ブリテン島とアイルランドにある1300以上のストーンサークルのうち、わずか18個だけしか確認されていない。だが、ウェールズにはブリテン島のストーンサークルの歴史において非常に重要な場所がある。南西のペンブロークシャーにある、ストーンヘンジに使われたブルーストーンの故郷プレセリ山地だ。ここから海路を使ってはるばる数百キロ岩を運んだのは、元々ストーンヘンジ周辺に住んでいた人たちなのか、それともウェールズから渡った人たちなのか、興味深いが、この地方はイングランド南西部とアイルランドを結ぶ海洋交通の要衝だったようで、多くの人々が行き来していたと考えられている。最もアイルランドに近い西北のアングルシー島には、アイルランドの北東部に特徴的な通廊付墳墓があり、強い影響がうかがわれる。アングルシー島はかつてモナと呼ばれていた場所で、ローマ軍がドゥルイドを追いつめて虐殺した場所として記録されている。

ウェールズ北部は良質な石器、青銅器の生産・供給地でもあった。北部の城塞都市コンウィの近郊には銅山グレート・オルメ・マインがあり、初期青銅器時代からかなりの量の銅の採掘が行なわれていた。現在でもその時代の坑道が残っている。さらに少し南西のモエルヴレ山麓には古代の石器工房の跡が残っている。この地域で作られた石器、青銅器いずれも、質の高い交易品として遠方まで流通していた。

ウェールズ人は石全般に対して信心深く、「ありとあらゆる迷信」があると、1881年のウェールズの民話集の中でウィルト・サイクスは書いている。たとえば道端に紙に包んだ小石が意味ありげに落ちていることがあるが、子供でも決してそれを拾おうとはしないのだという。なぜなら、それは誰かが顔などにできたこぶを「石に移して」捨てたものだからだと。不用意に触れると悪いものが移ってしまうと考えられていたらしい。ロールライト・ストーンズのキング・ストーンの破片に厄除けの力があるとして身につける習慣は、そもそもウェールズ人の兵士たちが広めたものだとも言われている。

❖カレグ・コエタン・アルシェル……ペンブロークシャー

アーサー王の岩

Carreg Coetan Arthur……Pembrokeshire, Wales

ペンブローク地方の北海岸沿いの町ニューポートの町外れ、別荘地の中の小さな区画に保存されている、小ぶりだが、形の良いドルメンだ。別荘地の開発に伴って、保護のため博物館に移設する案も出ていたようだが、地元の強い反対によって残されることになった。近年、古い十字架やドルメンなどの歴史遺産に対する関心は高まっていて、見学に訪れる人も多い。地元にとっては大切な財産なのだ。

カレグ・コエタン・アルシェルとは「アーサー王のクォイトの岩」という意味だ。コーンウォールの場合と同様、クォイトとは輪投げ遊びを指す。ウェールズはアーサー王伝説が多く残るが、巨石遺跡の多くにも「アーサーの岩」「アーサーのベッド」「アーサーの槍」「アーサーのテーブル」など、アーサー王の名がつくものが多い。この遺跡と同名のドルメンも複数ある。巨石の大きさゆえにイングランド南西部などで巨人伝説と結びつけられていたものが、何故ここではアーサー王と関連づけられるのか――それは伝説の中のアーサー王自身の大きさに由来する。

アーサーは数々の巨人と対決してこれを倒しているが、ウェールズの古い伝説では、アーサー自身が巨大な人間として描かれることが多い。そもそも、アーサー王伝説の原型のひとつであるウェールズの説話集『マビノギオン』を読んでも、古の時代、巨人と人間の境界はどうも曖昧だ。アーサーの妻グネヴィアの父親もオグール・ヴランという巨人だったと言われる。巨人の子が普通の大きさの人間であったり、人間の王が巨人としか思えない描写をされていたりすることがある。

たとえば、アイルランドに嫁いだブリテンの王の妹の処遇をめぐって、ブリテンとアイルランドで戦争になる「スィールの娘ブランウェン」という話では、ブリテンの王ベンディゲイドブランは巨大で、歩いて海を渡り、遠くから見ると大きな山のようで、両目は湖のように見えたとある。しかも、この王は大きすぎて一度も建物の中に入ったことがないというのだから、どう考えても通常の人間ではない。

アーサーもウェールズ各地に残る伝説からすれば、少なくとも身長四・五メートル以下ではなかっただろうと、一九世紀の民間伝承の収集家ウィルト・サイクスは書いている。古の王や武将たちはときに魔術なども能くした超人たちであり、力の強さ、能力の高さが、しばしば体の大きさそのものとして描かれたのかもしれない。

ウェールズにはまた「サムソンの岩」「サムソンのクォイト」といった名前のものも多い。旧約聖書に登場する怪力の士師サムソンかと思いきや、六世紀のウェールズの聖人の名で、数々の奇跡を起こしたと言い伝えられており、ドルメンを指先ひとつで組み上げたという伝説がある。

このドルメンは近隣の住民の物置に使われていたことがある。

❖ペントレ・アイヴァン……ペンブロークシャー

女神の子宮

Pentre Ifan……Pembrokeshire, Wales

この遺跡をブリテン島で最も形のよいドルメンだと言う人は多いが、私もそう思う。ウェールズの南西、ニューポートの近く、組紐紋様が美しいケルト十字架の残るネヴレン渓谷を望む丘の上に立っている。遺跡そのものの姿も良いが、この遺跡から見る景色も素晴らしい。カーディガン湾に沈む夕日は絶景だった。

ペントレ・アイヴァンは大きなドルメンで、キャップストーンは長さ五メートルほどもあり、高さ二・五メートルほどの立石の尖った先端に絶妙なバランスで乗っている。元は土に覆われたマウンド状の石室墳墓だったもので、マウンドの形はV字型の二股になった長塚墳だったとみられている。この形はウェールズやイングランド中西部に多く見られるタイプだが、これを女性の体の形と見る人たちがいる。同タイプの保存状態の良いマウンドの写真（下）を見ると、埋葬用の石室がある「腹部」の膨らみ具合など確かにそれらしい。二股の付け根にある入り口は象徴的につくられたもので、実際の埋葬作業に使われた入り口は横面にある。このタイプの墓が死者が母体に戻り、再び生まれ出るという、胎内回帰と再生をイメージしたものだと考えても無理はないように思われる。沖縄の亀甲墓とも通じるものがある。

ドルメンのある丘の南にはストーンヘンジのブルーストーンの故郷、プレセリ山地が連なる。まさにこのエリアから、数多くの巨石がはるばるストーンヘンジまで運ばれたわけだ。このドルメンもまたブルーストーンで出来ているのだが、紀元前三五〇〇年頃と、ストーンヘンジが造られるよりずっと前に造られたものだ。ここに葬られた人の子孫がストーンヘンジにブルーストーンを運んだのかもしれない。

巨石を動かそうとすると虫のような妖精の群れに襲われるという言い伝えもあった。

ペンブローク地方は民間伝承の宝庫だ。この遺跡とその周辺にも様々な伝説が残っている。妖精にまつわる話も多い。一九一一年に出版された本の中でこの近くで育った老女が、妖精などはごく自然に自分たちの周りに住んでいて、このドルメンの周囲でもしばしば目にされてきたと語っている。「兵隊のような服を着て赤い帽子をかぶった小さな子供のような姿をしていた」のだそうだ。石を動かそうとすると蜂の群れに化けた妖精の大群に襲われる、取り除いた岩を夜中に小鬼が元の場所に戻すのを見たというような話にも事欠かな

ウィルトシャーのベラス・ナップの長塚墳。ペントレ・アイヴァンもこのタイプの墳墓だったとみられている。
©English Heritage photo; Skyscan Balloon Photography

ペントレ・アイヴァンとは「イワンの村」という意味だが、なぜイワンというスラブ系（？）の名前がついているのかわからない。

いという。

この地域は、六世紀のウェールズのバード＝吟唱詩人タリエシンの生誕地とも言われていた。タリエシンは実在の人物だが、その存在はアーサー王伝説とともに神話化されている。ウェールズでは彼の人生をめぐる数奇な物語は、『タリエシンの書』としてまとめられており、非常にポピュラーだ。

このドルメンは別名「ケリドウェンの子宮」とも呼ばれていた。ケリドウェンはケルトの女神だが、タリエシンの物語では魔力のある女性として描かれる。ケリドウェンは魔法の大釜で醜い息子のために知恵を授けるスープを一年かけて作っていた。ようやく出来上がりというところで、間違って魔法のスープを飲んでしまった別の男の子グウィオンはこの世の全ての知恵を身につける。怒り狂うケリドウェンから魚やウサギなど様々に姿を変えつつ逃げるが、最後に一粒のトウモロコシの粒に化け、雌鶏に化けたケリドウェンに食べられてしまう。トウモロコシの粒に化けたグウィオンが生まれ変わって女神の腹から出たのがタリエシンだという話だ。つまり、「ケリドウェンの子宮」という名はタリエシンが生まれ出た場所という意味だ。

前述したように、この遺跡はかつて母体型のマウンドに覆われていたと考えられている。子宮と名がつけられた時には、そのマウンドの名残りがあったのかもしれない。

❖セント・ラザンズ……ヴェイル・オブ・グラモーガン

キャップストーンは深夜に三度回る

St. Lythans………The Vale of Glamorgan, Wales

ウェールズの首都カーディフから西へ約一〇キロ強、マイナーロード沿いの牧草地に立つセント・ラザンズは、板状の岩を組み上げた箱形のドルメンで、一見して石室そのものといった外観をしている。セント・ラザンズというのはこの地域の二つの教会の守護聖人の名だ。聖人の名を冠したドルメンなのだが、遺跡にまつわる言い伝えの多くはとても「異教的」だ。

　まずこの大きなドルメンが建っている牧草地は呪いがかけられていて、作物は育たないと言われてきた。このドルメンは別名をGreyhound Bitch's Kennel ＝雌犬の小屋と呼ばれている。この名は中世ウェールズの伝説に登場する「レムヒの蓮っ葉女」のことではないかとも言われる。心の邪さゆえ、雌狼に姿を変えられてしまった王女が二匹の子を産み、近隣の家畜を襲っては養っていたという話だ。『マビノギオン』では、アーサーが巨人の長イスバザデンの娘オルウェンと従兄弟のキルッフが結ばれるよう、配下の武将たちとともにブリテン各地の「不思議」を集める物語の中で、この親子を見つけて人間に戻してやるという場面がある。「呪い」とは狼に変えられた女のことではないかというのだが、『マビノギオン』では親子はずっと西のウェールズの南西の端付近の洞窟に住んでいたことになっている。

　夏至の日の前の晩に、この三×四メートルほどのキャップストーンが三回ぐる

ぐる回るという不思議な言い伝えがあり、そのためか、ドルメンは別名「草地の中のひき臼」と呼ばれる。何故「三回」回るのだろうか。三はケルト文化において重視されていた、力をもった数字で、これが「三位一体」を説くキリスト教の受容を容易にしたとも言われているが、関連があるかもしれない。岩はまた深夜に近くのウェイコック川に水を飲みに行くとも言われていた。

ドルメンの奥の壁には上の方に穴があいている。これは意図的に作られたもので、何からの「出入り口」の意味をもったものではないかとみられている。穴のあいたドルメンはコーンウォールのトレセヴィー・クォイト（122頁）など、ブリテン島やアイルランドだけでなく、スペインの地中海沿岸部からコーカサス地方まで広範囲に見られる。この共通性から、かつて巨大な巨石文化圏ともいうべきものがあったと考える人もいる。

このドルメンはほぼ東西の方向に配置されていて、入り口が東を向いている。ハロウィーン、つまりケルトの祭日サウィン祭の前夜にこの岩に願いごとを囁くと叶うという言い伝えもあるらしい。

❖マイン・スリア……ポーイス

水を飲みにいく岩

Maen Llia……Powys, Wales

マイン・スリア（スリアの岩）はウェールズ南東の景勝地ブレコン・ビーコンズ国立公園のど真ん中に立っている。かなり大きな石板状のスタンディングストーンだ。三・七×二・八メートルの亀甲型をしており、厚さ六〇センチと薄い。ヴァン・ネズゥとヴァン・スリアの二つの山の間を抜ける絶景の峠道沿いにあり、かなり遠くからも見えるため、道標として使われていたのかもしれない。岩の表面にはローマ文字と中世アイルランド、スコットランドで使われていたオガム文字が刻まれている。数千年間ずっとこの場所に立ち、ローマ帝国の統治下や中世にも、何らかの記念碑、あるいはランドマークとして流用されていたようだ。

この岩は朝、鶏の鳴き声を聞くと近くのネズゥ川に水を飲みにいく、または夏至の日の朝に一山越えたところにあるメスリテ川に水浴びにいくと言われていた。

このように巨石が散歩する、近くの川や湖に水を飲みにいく、水浴びにいくという話はウェールズやイングランド、さらにフランスのブルターニュ地方に多く見られる。ウェールズでは古くは九世紀の修道士ネンニウスの記録に、アングルシー島にある岩が夜中に谷間を散歩する話が載っているという。この岩はメナイ

海峡の渦の中に投げ込まれても、翌日には何事もなかったように元の場所に戻っていたのだそうだ。

「動く石」の話はウェールズ、イングランド南部に多い。夜一二時の鐘の音を聞くと、あるいは鶏の声とともに、夏至の日の朝に、一〇〇年に一度のクリスマスの夜に、など、さまざまなバリエーションで伝わっている。巨石がヒョコヒョコ動く、川に降りていく、水に浸かるというのは、巨石の重々しさと最もかけ離れたイメージだ。ブルターニュのカルナックの列石にも同様の言い伝えがあるが、三〇〇〇個以上もの岩がぞろぞろと水を飲みにいくという光景は神秘的というより、どこか滑稽というほかない。なぜこうした言い伝えが広く分布しているのか。巨石にはいい知れぬ不思議な力が宿っている→命がある、生きている→喉も乾くし、時には水浴びもする、ということだろうか。

石と水との関係を、ケルト文化圏における水源信仰と結びつけて考える人もいる。信仰の対象であった泉や井戸の傍らに巨石があることも多く、両者の関連が強くイメージされた結果だというのだ。しかし、それだけで、「一山越えて水浴びにいく」という話になるのだろうか。なんとも不思議な言い伝えだ。

ブルターニュのカルナックの列石が一斉に水浴びに出かける様子を描いた絵。

❖フォー・ストーンズ……ポーイス

小さな小さなサークル

Four Stones..........Powys, Wales

ずんぐりとした丸みのある岩が四つ、固まって置かれている。岩の内側のスペースは二、三人入るのがやっとというところで、ドルメンか何かの残骸のようにも見えるが、これでも立派なストーンサークルだ。きちんと直径二・九メートルの「円周上」に並んでいるのだという。四つの岩からなる小さなサークルはスコットランド北東部やアイルランドに見られ、四柱式寝台タイプと呼ばれている。ウェールズにもいくつか見られるので、スコットランド、あるいはアイルランドとの人的交流の痕跡ではないかと見る人もいるようだ。南西の岩の上部にウェールズには珍しいカップマークらしきものが見られ、このこともスコットランドとの文化的結びつきを示唆しているという。

最も重い岩は六トンほどあり、運ぶにはやはり数十人の人手が必要だっただろう。ストーンサークルには、もっと小さな岩を使った直径の大きなものもあれば、こうした極端に小さなものもある。スタントン・ドゥルーや湖水地方のサークルが、集落の人間全員を収納できるような大きさだったのに対し、この大きさでは祭司や儀式の主役が入るだけのスペースしかない。あるいは人が入るためのものではなかったかもしれない。同時代の巨石文化といっても、儀式の様式、サークルの活用の仕方にはかなりの多様性があったようだ。

❖ハロルズ・ストーンズ……モンマスシャー

サクソンの王の名を冠した岩

Harold's Stones……………Monmouthshire, Wales

ウェールズ南東部で最も有名な巨石がイングランド国境にほど近い村に残るこのハロルズ・ストーンズだ。ハロルドというのは一一世紀にブリトン人との戦いに勝利したサクソン人の王の名なのだという。巨石にサクソン人の名が付けられるのはとても珍しいが、それもイングランドとの国境沿いという立地ゆえかもしれない。三つの岩はそれぞれ二・七、三・七、四・六メートル長で、全長一二メートルの間にばらばらな傾き方で立っている。これらの傾きが最初からあったとは考えにくい。数千年の間に徐々に、あるいは近代に入って農地として整備した際に傾いたのではないだろうか。小石がぎっしりと詰まった、赤茶けた礫岩の石柱だ。紀元前三五〇〇年頃と、巨石時代のごく初期に立てられたものとみられている。

別の伝説では、これらの岩は魔術を能くしたウェールズの伝説の巨人（聖職者だったとも言われている）ジャック・オ・ケントと悪魔が、近くの山から投げたものだという。二人はどちらが遠くまで投げられるか競い、三つ目をジャックが投げて悪魔に勝ったという話だが、別のバージョンでは、ジャックは四つ目を投げたが、これは少し離れた場所に落ちたという。この岩は倒れた残骸として一九〇四年には確認されているが、その後撤去され、行方がわからなくなった。

この地方には、ジャックと悪魔が釣りをするために川を堰き止めて作った湖、山の高さを競って、悪魔が落とした土の塊でできた丘など、二人が遊び、競ったために出来たと言われる地形が他にもある。

18世紀以降、「ドゥルイドの施設」としての巨石への関心が高まるにつれ、新聞や書籍に掲載される図版はしばしば誇張されるようになっていった。この絵は1801年に発表されたものだが、実際の数倍のスケールで描かれている。

❖ブリン・ケスリ・ディー……アングルシー島

黒い森の中の丘

Bryn Celli Ddu……Isle of Anglesey, Wales

ウェールズ西北端のアングルシー島には石器・青銅器時代の遺跡が集中している。石室墓は三〇以上もあり、スタンディングストーンは島中に点在している。石室墓の中で最も保存状態の良いものの一つがこのブリン・ケスリ・ディー「黒い森の中の丘」だ。現在、周囲は牧草地で森といえるほどのものは残っていないが、遺跡に通じる道は立派なオークの並木道だ。かつては「黒い」と形容されるほどの深いオークの森の中にあったのかもしれない。

後期石器時代にヘンジ型のストーンサークルだったものが、紀元前三〇〇〇年頃に壊されて石室墓が造られたとみられていて、今でも周囲にヘンジの名残りの堀と土手が残っている。北東側の細い、大きな縁石で補強された通路を八メートルほど通って石室に入ると、中には表面が磨かれた立派な白っぽい石柱が立っている。用途は不明だが、かつてはこれを幽霊と見間違えて逃げ帰る人も少なくなかったらしい。

入り口の反対側には波形の模様を両面に刻んだ石板が立っている。カップ&リングマークなどとは違う、ブリテン島の他の地域ではあまり例を見ないもので、アイルランドのニューグレンジなど、ボイン渓谷の遺跡との共通性が見られる。アングルシー島とアイルランドは非常に近い。人的な交流、あるいは移住などがあったことがうかがわれる。

アングルシー島はローマ帝国によるブリテン島侵攻の際、ドゥルイドが最後の抵抗を示した場所としても知られている。アング

左：石室内部
絵：聖なる森の中のドゥルイドのイメージ。
19世紀半ばの版画。

ルシーの森はドゥルイドの聖地であったという。タキトゥスは『年代記』の中で紀元六一年に起きた出来事を次のように記している。

「海岸に沿って敵が待ちかまえていた。武器と男でぎっしりとつまった戦列。その間を縫って走り回る女。さながら復讐の女神のごとく、喪服をまとい髪を乱し松明をふりかざしている。まわりでドゥルイデスたちが、両手を天にさしのべ、身の毛のよだつような呪詛を唱えている」（国原吉之助訳、岩波文庫）

この後、ローマ軍によって、「モナ（アングルシー）の野蛮な迷信に捧げられた森」は殲滅されたと記している。ドゥルイドはオークの森、とくにオークにつくヤドリギを神聖視していたという。タキトゥスの記す「海岸」は本土からアングルシーへの入り口であるメナイの海岸のことで、ブリン・ケスリー・ディーはそこからわずか五、六キロほどの場所にある。この遺跡の周囲に広がっていた「黒い森」が、タキトゥスの記す「森」だったかもしれない。

入り口の反対側にある波形模様を刻んだ岩（レプリカ）

上：マウンドはかつてはもっと大きく、高かった。アイルランドのニューグレンジなどと同じ形式の通廊付墳墓だが、周囲の縁石の部分まで盛り上げた土塁があったはずだ。かなり小ぶりな形で修復されたようだ。

❖ペンロス・ベイルゥ……アングルシー島

ウェールズ北西端の石の門

Penrhos Feilw……Isle of Anglesey, Wales

ウェールズ北西端のアングルシー島のさらに西の端には砂地でわずかに離れているもうひとつの島ホリー島がある。この島の先端の港町ホリヘッドからアイルランドのダブリンまで、フェリーでわずか一時間四〇分ほどという近さだ。町まではマンチェスターなどから鉄道も通っていて、駅とフェリーポートは隣接しているので、ブリテン島からアイルランドにのんびり安く旅するには絶好のルートになっている。

このペンロス・ベイルゥの立石は島の西岸から一・五キロほど内陸に入った丘の上にある。高さ三メートルくらいのほぼ同じような形の二本の石柱が三メートルほどの間隔で立っている。門のようにも見えるが、「門」の向く方向に明確なランドマークのようなものはない。「巨石時代のゴールポスト」などとも呼ばれている。西北西－東南東ラインに向いており、北西方向では青銅器時代の住居跡が残るホリヘッド山の少し西方向を、南東方向では距離はあるがスノードニアの山々に面しているとも言える。石の並ぶラインを見れば北北東－南南西方向となり、月の運行と何らかの関連が見つかるかもしれない。丘からは西方にアイリッシュ海が望める。かつて二つの岩の間から石棺が見つかり、人骨や鏃などが出土したという逸話だけが残っているが、公式の記録も出土品も現在は確認されていない。

❖ドゥルイズ・サークル……コンウィ

霧の中の山頂遺跡

Druid's Circle……Conwy, Wales

山腹に車を停め、歩き始めて約一時間半後、私は前も後ろも見えない濃い霧の中にいた。その日の朝、ウェールズの北海岸沿いの城塞都市コンウィを出て、すぐ南西にあるペンマインマウルの町から遺跡のあるモエルヴレ山へと続く道を上がってきた。ペンマインマウルは岩だらけの山が海岸まで迫っている独特な地形だ。かつてこの付近には断崖に沿った細い道しかなく、大変な交通の難所だったという。一九世紀から花崗岩の採石で栄え、別名グレート・ストーン・ヘッドランドと呼ばれている。

モエルヴレとはハゲ山を意味する言葉だ。標高四〇〇メートル程度の低い山だが、それでも麓の町とは空気が全く違う。真夏だがジャケットなしでは寒いくらいだ。

車から降りたときはうっすらとした程度だった霧は、山頂に近づくにつれ濃くなり、やがて数メートル先も見えないほどになっていた。最後の農家を通り過ぎると標識もなく、ひたすら細い山道の轍跡を探しながら歩きつづけるが、三〇分も歩けば道の脇に見えるはずの遺跡が、なかなか現れない。

歩き始めて一時間ほど経ったころ、道が山を下り始めていることに気づき、私は茫然となってしまった。慌てて来た道を小走りに引き返し、さらに道の周囲を探しまわるが、濃い霧でほとんど見通しもきかない。真っ白い中を右往左往するも、いよいよ時間もなくなり、くたびれ果て、がっくりと落胆して帰り始めたとき、ふと風が吹き、霧が流れ、数メートル先に突然、大きな岩のシルエットが見えた。奇跡のようなタイミングだった。それは遺跡群の一部で、その奥に目当てのサークルがあったのだが、歩いて来た道からほんの数メートルほどしか離れていなかったのだ。

山頂にはストーンサークルやケルンが多数あり、北ウェールズ最大規模の遺跡群となっている。山の麓には新石器時代の石斧工房の跡があり、ここで作られた斧はイングランド北方や南方でも見つかっている、「上質な交易品」だった。遺跡の中にはアイルランドに見られる五つ石のタイプのストーンサークルがあり、幅広いネットワークがあったことがうかがわれる。

ドゥルイズ・サークルは直径二五メートルほどの微妙に楕円のサークルで、二九個の花崗岩は大きなものでも人の背丈ほどだ。南西に大きな岩を配した入口がある。これは湖水地方のサークルと同じ形式だ。入口は月の最も南に沈む方角に合っている。また、ウェールズ北方には楕円形のサークルが多いが、そのほとんどは長い方の軸が東南東‐西北西方向で、五月一日の日没地点に合わせてあるとも言われている。

遺跡の名はドゥルイドが子どもを生贄に捧げたという伝説に由

来し、溝のある岩が「生贄の岩」と呼ばれている。嵐の夜には岩から子どものすすり泣きや悲鳴が聞こえるのだそうだ。だが、これは一八世紀以降にできた「新しい伝説」だ。ギリシアの歴史家タキトゥスの『年代記』に「生贄の血で祭壇を塗りたくる」と書いてあるように、当時ドゥルイドと生贄のイメージは分かちがたいものとなっていた。ウェールズ語の元の名前は「背の高い石」という意味のものにすぎない。だが奇しくも一九五八年の発掘で、サークルの中から生贄と見られる一一歳くらいの子どもの遺骨が二体発掘された。一体は土器の下に、もう一体は青銅のナイフと一緒に埋められていたという。

サークルには「聖人の岩」と呼ばれる、フードをかぶった隠者のような形の岩もある。この岩の近くで遺跡や伝説をばかにしたり罵ったりすると、「たたきのめされる」と言われていたらしい。日曜にこの岩の傍らでカード遊びをしていた数人が何かの力に殴打され、村に逃げ帰ったとか、不信心な男が深夜大声で罵りながらサークルに行ったところ帰って来ず、翌朝全身を打たれた死体で見つかったというような話がある。岩に手を出すと悪いことがあるという話は多いが、殴打されるというのは珍しい。

また、近代に入って深夜、自称魔女たちの集会が行なわれたが、「生贄の岩」の中から声が聞こえ、魔女たちの二人が恐怖のあまり命を落とし、残りはちりぢりになって山を逃げ下りたという話もある。魔女が恐怖でショック死したのでは洒落にならないが、いずれにしてもあまり気味のいい話のない場所だ。

そんなことを考えつつ、撮影を終えて休んでいると、ふと霧の中からかすかに人の声が聞こえたような気がして、一瞬凍り付きそうになった。突然、老夫婦が現れたのだ。ヤッケを着て杖をついている。ハイキングだろうか。私に「実にいい天気だね」と笑いかける。イギリスの人はこういう物言いが好きだ。二人はいったんは岩に腰をおろしたが、「写真を撮る邪魔をしてはいけないな」と言うと、またたく間に霧の中に消えていった。私が歩いた道とは別の方向だ。地図には道は載っていなかったのだが——。

再び静寂に包まれた。鳥の声も羊の鳴き声も、不思議なくらい何も聞こえない。じっとりと冷や汗のにじむような、何とも言えない気味の悪さが迫ってきて、早々に遺跡を後にした。

帰国してからこの場所の訪問記をいくつか読んだが、いずれも「気持ちのいいハイキングコース」とか、「海が見える素晴らしい眺め」といった、とても同じ場所を訪れたとは思えないものばかりだ。あらためて周辺の地図を見てみると、遺跡を探して彷徨っていた山頂のエリアは、普通に歩けば数分で通過できるほどのものだったこともわかった。自分はいったい何をしていたのだろうか。今思い起こしても現実感がない、不思議な時間だった。

アイルランドでよく見られる五つ石のタイプの小さなストーンサークル。サークル275という名がついている。

次頁：ドゥルイズ・サークル。サークル内には遠方から運ばれた石英が敷かれていた跡も見つかった。

MEGALITHS OF
ELAND

アイルランドの巨石

アイルランドのいっさいの歴史の背後には、
一枚の偉大な綴織《つづれおり》が垂れさがっている。
それはキリスト教たりとも認めざるを得ないものだったし、
第一、キリスト教自体もそこに織り込み描かれているのであった。
誰しもそのくすんだ幾重にもかさなる襞《ひだ》を眺めていると、
いったいどこかれキリスト教がはじまり、
どこで、「鳥たちのなかに一羽の完全なるものがあり、
魚たちのなかに一匹の完全なるものがあり、
人たちのなかに完全なるもの一人あり」
と謳うドルーイド教が終わっているのか
判然としない有様である。

――――**W. B. イエーツ**
『わが作品のための総括的序文』、野島秀勝訳、思潮社『イエーツ詩集』より抜粋

写真：ポールナブローンのドルメン（258 頁）

❶ドルンベッグ……p.242
❷ガラネス……p.246
❸ドゥンビーコン……p.248
❹アードグルーム……p.250
❺デリンナタグトゥ……p.252
❻ウラ……p.252
❼シュロンブレイン……p.256
❽ポールナブローン……p.258
❾コング・ノース……p.262
❿カロウモア……p.264
⓫ベッフモア……p.268
⓬ニューグレンジ……p.272
⓭ナウス……p.277
SCOTLAND
キンタイア半島
NORTHERN IRELAND
デリー
CO. TYRONE
ティローン州
クックスタウン
⓫Beaghmore
ベルファスト
大西洋
ベンブルベン山
スライゴー
❿Carrowmore
CO. SLIGO
スライゴー州
ダンドルク
CO. MAYO
メイヨー州
アイリッシュ海
ロングフォード
⓬Newgrange
ドロヘダ
⓭Knowth
❾Cong North
CO. MEATH
ミース州
アスローン
IRELAND
ダブリン
ゴールウェイ
トゥラモア
❽Poulnabrone
アラン諸島
バレン高原
CO. CLARE
クレア州
エニス
リムリック
キルケニー
セント・ジョージ海峡
ウォーターフォード
CO. KERRY
ケリー州
キラーニー
CO. CORK
コーク州
ケンメア
コーク
バントリー
ミゼン半島
❶Droumbeg
ミゼン・ヘッド
❷Gurranes
ケルト海
N
0
50km
100km
アイヴェラ半島
❻Uragh
❼Shronebirrane
ケンメア湾
ベアラ半島
バントリー
❹Ardgroom
バントリー湾
❸Dunbeacon
❺Derreenataggart
ミゼン半島
Bull Rock（ドンの家）

アイルランドと巨石

ヨーロッパの北西の端に位置するアイルランドはローマ帝国（共和国）の侵攻を受けず、また、ブリテン島のように大陸からの大規模な異民族の流入を受けることもなかったので、ケルト系言語であるゲール語をはじめとする独自の文化が長く保たれた。また、ブリテン島より早くにキリスト教化されたが、伝統文化・風習の多くは否定されることなく受け継がれ、古い神話や口承文学なども聖職者たちによって積極的に記録されている。

アイルランドという名の語源はエーリウという、ダーナ神族（トゥアタ・デー・ダナン）と呼ばれる魔術を能くした伝説の種族の女王の名だ。アイルランド神話をキリスト教的文脈で書き替えた10世紀の『来寇の書』では、ダーナ神族は現在のアイルランド人の祖先であるケルト人に敗れ、地下世界に生きる妖精のようなものになったとしている。石器時代の墳墓はこうした種族の棲む場所と考えられていた。アイルランドの国名がケルト以前の古い神の名に由来しているように、古い神話・伝説の中には、鉄器時代以前の世界、もしかすると巨石時代の信仰や文化の「残響」ともいうべきものがあるのではないかと考える人もいる。

アイルランドの巨石文化はブリテン島のそれよりも歴史が古い。北部では新石器時代初期から巨石を使った石室墓の文化が興り、以後、楔型墳墓、中庭式墳墓、通廊付墳墓と、特徴的なスタイルで数多くの共同墓が造られた。石室墓は単なる埋葬の施設ではなく、祭祀の場だったと考えられている。石室墓を中心とする文化の一つの高みが東部のボイン渓谷に造られたニューグレンジやナウスなどの通廊付墳墓だ。建造技術と石彫などの美術的表現の水準の高さにおいて、西欧の石器時代の遺跡の中でも傑出している。遺跡の構造、岩に彫られた絵から、この地に生きた人々は太陽や月の動きなどの天体現象に非常に強い関心を持ち、それらと強く結びついた世界観を持っていたことがうかがわれる。特に、ナウスに残る多数の岩絵の中には、月の満ち欠けを彫り込んだ「カレンダー石」、日時計のような様式の彫刻のある岩などがあり、岩に彫られた様々なシンボルマークの意味をめぐって「考古天文学」の分野で活発に議論されている。

巨石を使った石室墓の文化はアイルランドからブリテン島に伝播した可能性が高いが、ストーンサークルはブリテン島から伝播したのではないかとも考えられている。アイルランド北西のカロウモアにはストーンサークルの原型ではないかとみられる様式の遺跡があるが、アイルランドにはブリテン島ほど多くのストーンサークルはない。アイルランド全土で130ほどのサークルがあるが、そのうち100以上が南部のコーク、ケリー州に集まっていて、これらの建造年代は巨石文化の晩期にあたる。この地域のサークルはスコットランド北東部で造られたサークルと多くの共通点を持ち、両者の間には非常に濃い文化的、あるいは人的結びつきがあるのではないかと考えられている。

アイルランドには非常に多くのドルメン、墳墓などの遺跡があるが、ここではストーンサークルを中心に特徴的なものに限って紹介したいと思う。

❖ドルンベッグ……コーク州

「横石族」の長き旅の果てか

Droumbeg……………Co. Cork, Ireland

角張った石柱の中に一つだけ、上部をナイフで切り取ったかのように完璧な水平面をもつ、横倒しの岩が置かれている。どこかで見た姿だ。スコットランドの部で紹介した「横石」タイプのサークルにとてもよく似ている。サークルが南側の開けた場所に設置されているのも、横石が南西方向に置かれているのもスコットランド流だ。北側には先の尖った背の高い岩を並べ、横石の方向に向かって岩の背が低くなっていくようにアレンジされている。アイルランド南西部のコーク州、ケリー州には、こうしたアイルランド版「横石」ストーンサークルが数多く残っている。

スコットランドの「横石派」とどのようなつながりがあるのか、様式が伝播したのか、横石タイプのサークルを数多く残した「横石族」とも言うべき人々の移住などがあったのか、今のところ確かな物証はないが、強い関連があるとみる研究者は少なくない。ただし、このエリアのストーンサークルは巨石文化の最晩期に造られたものばかりで、スコットランドの横石タイプより数百年から一〇〇〇年ほども後代のものだという。

コーク州西部、ケリー州には銅の産地が数多くあり、初期青銅器時代から採掘されている場所も多い。多数残っている巨石モニュメントや墓が、この地域が多くの居住者を抱えていたことを示している。青銅器づくりには銅と錫が必要だが、イングランド南西部のコーンウォールの錫の産地周辺ではアイルランドとの交流を示す遺品も見つかっており、鉱物資源をめぐる古代の幅広いネットワークがうかがわれる。スコットランド北東部とは数百キロ離れているが、この地域に銅を求めた人たちの中に、スコットランドで「横石」タイプのサークルを造った「横石族」の子孫も多く含まれていたかもしれない。

ドルンベッグの横石にはカップマークも彫られている。これもまたスコットランドの「横石流」との共通点だが、スコットランドの横石の多くが月の運行に合わせて設置されていたのに対し、このサークルの横石は冬至の太陽が沈む方向に合わせて置かれているようだ。長い時を経て、「横石派」の文化にどのような変化があったのだろうか。オーブリー・バールはこれを、太陽暦の採用と解釈している。

ドルンベッグとは「小さな丘」を意味する言葉だという。南の海に面した斜面に、平地が造られていて、サークルの他に二つの住居跡が隣接している。排水溝の跡なども残っていて、生活感があるが、祭祀の場所なので、宗教的な行事の前に使用された施設なのかもしれない。サークルの中からは人骨や土器片が出土し、サークルの近くにある二つの坑からは埋葬あるいは生贄とみられる人骨が見つかっている。遺跡の横にある家の跡は、生贄に供される者が、あるいはシャーマンなどの神との媒介者が儀式の前に籠る場であったかもしれない。

上：完璧な水平面をもつ横石。遺跡はアイルランドで最も有名な巨石モニュメントの一つで、非常に多くの人が訪れる。
下：住居跡。中央の四角い部分は竈のようなものか、あるいは水を張って焼けた石を入れて沸かすためのものとみられている。

❖ガラネス……コーク州

丘の上の三本指

Gurranes……Co. Cork, Ireland

ドロンベッグから西へ約一〇キロ弱、海沿いの村キャッスルタウンシェンドの小高い丘の上に立つ「三本の指」は、遠くからもはっきりと見えるランドマークだ。細長い石柱なので、一見、木の柱が立っているように見える。高さ四メートル強ほどの細長い石柱は、かつて五本あり、ファイブ・フィンガーズと呼ばれていたという。一本は倒れ、残りの一本は一九世紀に個人の庭園に持ち去られた。現在は単にフィンガーズ、またはスリー・レディーズとも呼ばれている。

これほど細長い石柱が並ぶモニュメントも珍しい。高台の端ぎりぎりに立ち、南の海側から見てかなり目立つので、実際に道標として使われていたかもしれない。この地域は、巨石時代に銅の交易が盛んだった場所だ。約四〇〇〇年前、「丘の上の五本指」は海路を使って南側から訪れる来訪者が内陸に入って行くときの、恰好の目印であったかもしれない。

遺跡は柵で囲まれた牧草地にある。「個人の農地につき勝手に入るべからず」と書かれてはいたが、七月末の村は不思議なくらいひっそりと静まり返っていて、道行く人もない。先を急いでいたので、「ちょいと失礼します」と柵を越えた。駆け足で丘に上がるとなかなかの眺めだ。すぐ下には小さな学校がある。夏休みでなければ、私の姿は窓から丸見えだったにちがいない。

◆ドゥンビーコン……コーク州

銅山のふもとで

Dunbeacon……Co. Cork, Ireland

コーク州はアイルランド最大の州だ。沿海部が広く、海岸線も複雑に入り組んでいるため、全長はアイルランド全土の海岸線の半分に相当する。特に複雑で長い海岸線を持つのが州西部で、三つの半島がフォーク状に延びている。最も南にあるのがミゼン半島で、先端のミゼン・ヘッドはアイルランド本土の最南端だ。

半島には初期青銅器時代の墳墓や巨石が数多く残っているが、ストーンサークルはこのドゥンビーコンだけだ。半島の付け根に近い北岸から内陸に少し入った丘の上に立っている。荒れてはいるが、東にコリーン山を望み、開放感のある、とても印象深い場所だ。ドゥンはゲール語で山を指すので、ドゥンビーコンはビーコン・ヒルと同じで、篝火を焚く山を意味しているのだろう。この名がつけられた由来はわからなかったが、ケルト起源のベルティネ祭を示したものかもしれない。

さらに南西には古代の銅山、ガブリエル山があり、山腹には現在も数千年前の縦穴の坑道がたくさん残っている。ガブリエル山はアイルランドのみならず、ブリテン島のウェールズ北部、マン島などと並ぶ当時の有数の銅山で、紀元前一七〇〇年頃から採掘が行なわれていた。石器や鹿の角などだけで長さ一〇メートル近くもの坑道を掘り進むには、大変な労力を要したにちがいない。周囲には青銅の斧などを造る工房も多数あっただろう。

かなりの人口を抱えていたと考えられる割に、同じく銅山の多い湖水地方などに比べ、サークルの大きさはどれも非常に小さい。ごく限られた者だけが円形の内側に入り、儀式を行なうためのものだったのかもしれない。

写真正面がコリーン山。サークルは損傷の激しい荒れた状態で放置されている。

❖ベアラ半島……コーク州、ケリー州

始まりにして終わりの地

Beara Peninsla……Co. Cork, Co Kerry, Ireland

アイルランドの古い歌に「バントリー湾からデリーの埠頭まで、ゴールウェイからダブリンの町まで」という言い回しがある。アイルランドの東西南北、隅から隅まで、という意味だ。ミゼン半島から同じく西南に細長く延びたシープス・ヘッド半島を越えると、このバントリー湾に出る。懐が広く水深の深い湾で、アイルランド独立以前は英海軍の軍港だった。湾の対岸はコーク州西部最大の半島ベアラ半島だ。

バントリー湾を回り、ベアラ半島を北に越える道を上がって行くと、風景は一変する。険しい岩山が道の左右に迫り、幹線道も、細く岩の間を縫うように頼りなげに右に左に蛇行する。車道が出来る前はかなりの難所であったにちがいない。

半島の付け根の峠を越えると、ケリー州に入る。ケリー州はアイルランド有数の景勝地で、湖と原生林の美しいキラーニー国立公園、ベアラ半島の北のアイベラ半島を周遊する道リング・オブ・ケリーは観光客でいっぱいだ。対して、ベアラ半島は静かで、ハイシーズンでも行き交う車はさほど多くない。では景観が魅力に乏しいかというと、決してそんなことはない。岩肌の露わになった山間部の荒涼とした景色も良いが、周囲には磨かれた鏡のように山々を映す湖が点在し、滝の流れ落ちる緑豊かな渓谷もある。半島の景観に魅力的なアクセントを与えているのが、点在する

半島北岸の丘の上に立つアードグルーム（Ardgroom）のサークル。先の尖った岩が鍬の歯のように並ぶ印象的なサークルだ。手前左側の黄色い花をつけた草はハリエニシダ。

遺跡群で、この半島には一五以上ものストーンサークルがある。アイルランド有数の遺跡集中地だ。横石タイプのサークルを中心とした巨石群は、規模や保存状態はさしたるものでもないが、それぞれが、半島の景観の中で映える。素朴だが力強い太古の人の手によるものと、数千年間容易に手なづけられることのなかったスケールの大きな自然環境が合わさって、不思議な魅力をもった印象深い景観が生まれるのだ。

　ベアラ半島の先端の沖に、荒波が絶壁を洗う小島、ブル・ロックがある。かつて島には死者の魂が冥界へと赴く前に集う場所、「ドンの家」があると言われていた。ドンは「黒き者」と呼ばれ、冥界の主だったとみられている。また、一〇世紀に書かれた『アイルランド来寇の書』によれば、旧約聖書のノアの息子ヤペテの子孫であるミールの息子たちがアイルランド人の祖先であり、彼らはベアラ半島の北側のケンメア河を遡上して上陸したのだという。ドンはそのうちの一人で、河口で溺死し、ブル・ロック、「ドンの家」に葬られたとされている。

『来寇の書』はケルト神話のキリスト教的文脈への書き換えだったのだが、伝説とこの書を総合してみるならば、この地域はアイルランドという国にとって「始まりの地」であり、冥界への入口のある「終わりの地」でもあることになる。

　ベアラ半島、ブル・ロックはアイルランドの南西の端に位置している。南西は冬至の日の太陽の沈む方向、この地域のストーンサークルの横石が置かれた方向だ。一年で最も力のない太陽が沈む方向は、死者の魂が赴く先、冥界と関連づけられていたのではないだろうか。アイルランドの南西の端に、冥界への入口である「ドンの家」があるとされていたのは、偶然ではないように思える。

　かつて大西洋の先はこの世の果てだった。ベアラ半島の人を拒むような険しい山々も、こうした伝説の舞台としてふさわしいように感じられる。

右上：デリンナタグトゥ（Derreenataggart）のサークル。これも横石タイプのサークルだ。
上・次頁：ベアラ半島のウラ（Uragh）は非常に小さなストーンサークルだ。コーク州境に近いケリー州内の三つの湖が連なる渓谷に立っている。清流が流れ、睡蓮の花が咲く水辺から遺跡のある小高い丘の上に出ると、湖を見下ろす息をのむような景色が広がっている。 対岸には岩肌を抉りとったような断崖を滝が流れ落ちているのが見える。静謐な、心に沁みる美しさで、アイルランド南部で訪れた様々な遺跡の中でも、この場所で過ごした時間は忘れがたい。アイルランド南部のサークルは二つのタイプに大別できる。岩の数が10以上ある中規模のサークルと、五つの小ぶりな岩からなる非常に小さなサークルだ。このウラのサークルは、五つ岩に一つの立石が添えられた形だ。

岩山に囲まれた谷の深奥部にあるのが、このシュロンブレイン（Shronebirrane）のサークルだ。ゴツゴツとした鈍色の山肌が周囲に迫っている。ひとつだけ高さ2.6メートルの先の尖った背の高い岩があり、剣のように鋭く天を指している。南西側に横石があるが、この場所は北東以外の方向の地平は全て高い山で覆われているため、冬至の日没を見ることはできない。遺跡は損傷が激しい。元は13個の岩があったとみられるが、残っているのは8個だけだ。人家もほとんどないエリアだが、遺跡の横には比較的新しそうな家があり、私を見て出て来た女性は「管理に費用がかかるから」と、見学料を請求した。

❖ポールナブローン……クレア州

悲しみの室

Poulnabrone……Co. Clare, Ireland

見渡す限り白い、ひび割れた石灰岩の石畳が続く台地、バレン高原はアイルランド中西部・クレア州の海岸から内陸まで延々と広がるカルスト地形だ。かつてこの場所に石器人たちが住んでいたころ、地表は土に覆われ、木々が茂っていたという。気候が変わり、多雨化・寒冷化によってわずかな土壌は洗い流され、木は枯れ、露になった大地の骨格は日に焼かれて砕け、大西洋から吹きつける風に削られ、雨に溶け、石塊の累々と続く賽の河原のような奇景が生まれた。ひび割れた岩に刻まれた細かな襞は、雨水が岩肌を溶かしながら流れた跡であり、それはそのままバレンの台地に流れた長い長い時間の痕跡だ。さらに地中へと浸み入った滴は地下の大きな空洞で岩のつららとなり、闇の中の大伽藍＝アリウィー洞窟を作り出した。

木の生えないバレンだが、草花は希少種が多く、保護されている。

バレン高原には、石器時代の墳墓から鉄器時代の砦跡まで、一〇〇以上もの古代遺跡がある。最も有名なポールナブローンのドルメンはバレンを縫う道沿いに残る、箱形のドルメンだ。紀元前二五〇〇年頃のものとみられている。多くの観光客がツアーバスで乗り付ける、アイルランドの古代の象徴のひとつだ。

アイルランドの古い伝説に「ディアルミドとグラーネの追跡」という恋の逃避行の物語があるが、追っ手を逃れてアイルランド中を彷徨った二人はしばしばドルメンを宿としたと伝えられている。このポールナブローンもその一つなのだそうだ。

ポールナブローンという名は、地中にあいた穴、また、暗い空間を意味するPoll、悲しみを意味するBronが合わさって出来た名だという。由来はわからない。一六から二二の成人、六人の子どもの骨が出土している。成人の骨はいずれも三〇歳以下で亡くなった人物のもので、四〇歳以上のものがひとつだけあったという。石器人の寿命はそんなものだったのだろう。

気候の変動によってこの場を古代人が立ち去った後、雨と風は、周囲の地表と同じように、ポールナブローンの石組を少しずつ浸食し、風化させ、崩していった。現在、立石のひとつは修復されたものであり、石室の奥の壁であった石板は倒れている。

このドルメンは一度も土に埋められることがなかったのではないかとも考えられている。スライゴー州のカロウモアの墳墓群（264頁）のように土で覆わない形式の埋葬だったのかもしれない。

かつて、遺跡の見学には何の制限もなく、石に触れ、石室の中に入ることもできた。観光客の爆発的増加により、周囲に柵ができ、現在は近づくこともできなくなっている。遺跡は岩を砕き、溶かし、地中へと流し去る、バレンの容赦のない時間の流れにさらされている。その流れに棹さすようなことは避けたいということだろう。訪れる人の数を見ると、無理からぬ判断だと思う。

「見学ルートから外れないように。遺跡に触ったり乗ったりしないように」といった遺跡見学の注意書きの中に、「この周りで〝小さなドルメン〟を作らないように」という珍しい文言があった。

石がごろごろしていると、なんとなく積んでみたくなる人は多いようだ。目の前に恰好の手本があればなおさらで、以前、この周辺は観光客が積んだ石積みや、ミニチュアのドルメンがごろごろしていた。遺跡だけでなく、周囲の環境も守りたいのだろうが、こうした戯れは、かつて大きな石を積み上げた巨石人たちの心性にどこかつながるものではないかと、私には思える。

下：石灰岩の亀裂は非常に深く地中まで続いている。
次頁：ポールナブローンのドルメン。入り口の高さは1.8メートルほどあり、楽に人が入れる。

❖コング・ノース……メイヨー州

クレーター石

Cong North……………Co. Mayo

コングはアイルランド中西部にある歴史の古い静かな小さな町だ。二つの湖に挟まれた細長い土地には七世紀に修道院が建てられた。現在も一二世紀の修道院の廃墟が残っている。ストーンサークルが四つもあり、キリスト教が入ってくるずっと前から宗教的に重要な場所だったのではないかとも考えられている。

コーク、ケリーといった南西部のストーンサークルの集中地からは遠く離れているが、この四つの中で最も保存状態の良いサークルは横石タイプのサークルだ。ただし、異例なことに北側に横石が置かれているのだ。

横石派が重視した南側には表面が月面のクレーターのようなあばただらけの四角い石が置かれている。実に個性的な岩だ。これほど凸凹の見事な岩を使った遺跡は他にない。人工的なものではないようだが、内側だけがさながら天然のカップマークのようになっている。あきらかにその形状ゆえに選ばれて南に置かれたとみられる。カップマークを彫った岩の代わりに置かれていたとすると、元はやはり南側に横石が置かれていた可能性もある。実際、南西側には不自然な空白があり、横石を動かして北に移設したとも考えられるのだという。

上：コングの町中に残る中世の遺跡。コングはジョン・フォードの映画「静かなる男」のロケ地としても知られる。
下・左：コング・ノースのサークル。上の写真中央奥に横石がある。左右に側石もあるが、背は高くない。夕暮れのサークルでのんびり写真を撮っていると、黒いお揃いのベレー帽を被った特殊部隊のようなグループが小走りにやってきた。それぞれがカメラを持ち、真剣な表情で手早く遺跡の細部を写真におさめ、立ち止まることもなく、厳しい表情のまま並んで記念写真を撮り、再び小走りに去っていった。服装だけでなく、身のこなしも特殊部隊のようだった。ストーンサークルでは様々に風変わりな人たちを見ることができる。

❖カロウモア……スライゴー州

ストーンサークルの故郷？

Carrowmore……Co. Sligo, Ireland

アイルランド北西部のスライゴー州の歴史は古い。紀元前七〇〇〇年以上前の、中石器時代に人が住んでいた跡が残っている。イベリア半島、あるいはブルターニュから渡って来た人々が海産物が豊富な海沿いの土地に住んだと考える研究者もいるようだ。遺跡からはかなりの量の牡蛎の殻が出土している。

スライゴーという言葉は「貝殻の多い場所」という意味だという。牡蛎の殻のことではなく、太古の貝のことだ。沿岸部はかつて海の底だった場所が隆起して出来た土地で、山の上でも貝殻の化石が多く見つかる。

スライゴーは妖精や精霊の登場する民間伝承の宝庫だった。一九世紀末から二〇世紀初頭、アイルランド文芸復興運動の中心的存在だった詩人のイェイツが、民間伝承を収集し紹介した書『ケルトの薄明』の大部分は、スライゴーの老人から聞いた話だという。イェイツはスライゴー出身の母親をもち、自らも幼少時代の多くをこの地で過ごしている。スライゴーの町の北方にはベンブルベンの山がある。魔法の山だ。かつてこの山の山腹には異界へ通じる白い岩の出入り口があり、真夜中には馬に乗った妖精の群れなど、この世ならぬものが溢れ出すと言われていた。人々の生活の近くに別の世界が存在し、二つの世界はしばしば交錯し、互いに影響しあうと考えられていたのだ。

カロウモアの遺跡群はスライゴーの町の南西に残る、アイルランド最大の石器時代の墓地だ。紀元前五〇〇〇年代半ばから三六〇〇年頃までに造られた、つまり、ブリテン島周辺でストーンサークルなどの巨石モニュメントが造られるよりも遥かに古い、前期新石器時代の遺跡群だ。現在六〇以上の墳墓が密集しているが、かつては一〇〇以上もあったと考えられている。カロウモアの墓は一つを例外として、全て土塁やケルンで覆われることのなかった、石積みそのままのものだったとみられている。

カロウモアには、ずんぐりした丸みのある岩を円形に並べた、ストーンサークル状のものが多くあるが、それらは全て墳墓の周囲に並べられたもので、純粋な意味でのストーンサークルではないようだ。ニューグレンジ(272頁)のように墓を覆う土塁の周囲に、土塁を支えるように配置されていた縁石が、カロウモアのように、土塁のない墓の周囲を取り巻く石の環となり、やがて独立したモニュメントとして造られ、使われるようになったのが、ストーンサークルの起こりではないかと考える研究者がいる。カロウモアのサークルはストーンサークルが生まれる、過渡期のモニュメントなのだと。これが東へと伝わり、ブリテン島の湖水地方周辺に渡り、広がっていったと考える人もいる。「ストーンヘンジはアイルランドから来た」という伝説にも何らかの根拠があるのではと思わせるような話だ。

カロウモアの西にはノックナレイの山があり、山頂には大きな

ケルンに覆われた墓がある。かなり規模の大きな、通廊付墳墓とみられているが、一度も発掘されていない。この墓は長らくアイルランド北方のアルスター地方の伝説に登場する女王メーヴ（メドヴ）の墓と呼ばれていた。この山の周辺にメーヴらしき不思議な「白い貴婦人」が現れるという話が、『ケルトの薄明』に紹介されている。この山の周囲には数百の遺跡が散在しているが、山の上のケルンはどこからもよく見える。この山は特別な場所であり、山頂の墳墓もまた、特別な人を葬った、あるいは特別な儀式を行なった場所ではなかっただろうか。

上：カロウモアにみられるサークル状の石の配置。中に墓がある。
下：カロウモアの遺跡群の中にある唯一の通廊付墳墓。2005年に訪れた際には復元中だった。直径約40メートル。中にある石室のキャップストーンには同心円やカップ＆リングマークなどが彫られている。ノックナレイの山頂にある墳墓もこれとほとんど同じ形式のものだ。

カロウモアの遺跡には番号がふられている。これは7番の遺跡で、紀元前4150〜3950年頃のものとみられている。正面奥の山がノックナレイ山で、山頂に石積みの遺跡があるのがはっきりと見える。ドルメンはこの山と方角を合わせて配置されていると考えられている。

❖ベッフモア……ティローン州

リング、リング、リング！

Beaghmore……Co. Tyrone, Northern Ireland

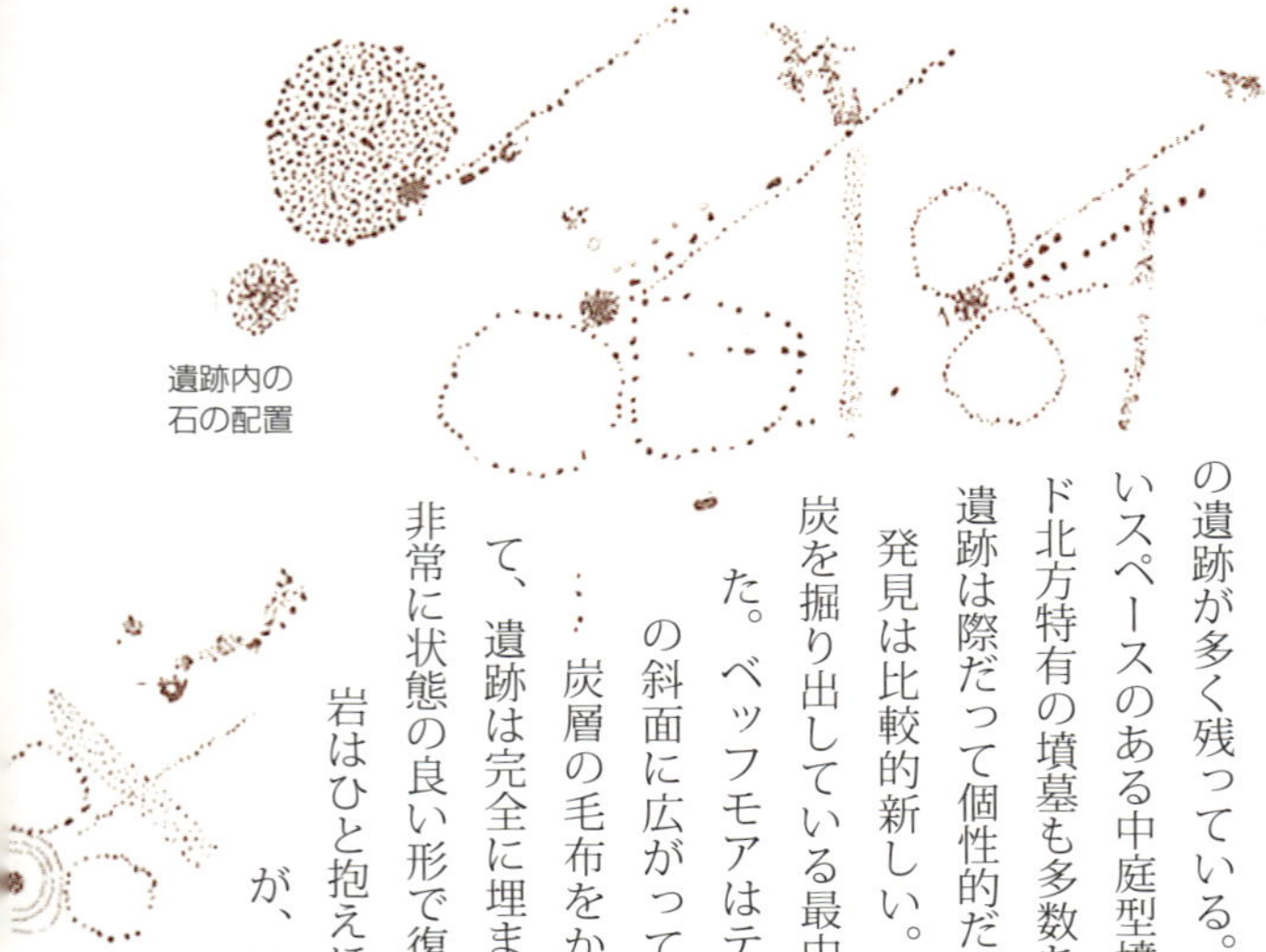

遺跡内の石の配置

見渡す限り石のリングまたリングだ。環はそれぞれペアとなって互いに接し、間からは何かを導くかのような石の列が延びている。まるで大きな運動会場で大人数が三、四組に分かれてフォークダンスでもしているかのような、見事な石の輪舞だ。石の環、円形のケルンの環、ケルンの周囲の土手の環と、ベッフモアはリング偏執狂的遺跡なのだ。

英国領北アイルランドのティローン州には新石器、青銅器時代の遺跡が多く残っている。石室の入り口の前に広いスペースのある中庭型墳墓という、アイルランド北方特有の墳墓も多数ある。が、ベッフモアの遺跡は際だって個性的だ。

発見は比較的新しい。一九四〇年代初頭に泥炭を掘り出している最中に、地中から発見された。ベッフモアはティローン州の北東の山の斜面に広がっているが、この付近は泥炭層の毛布をかぶったようになっていて、遺跡は完全に埋まっていた。それゆえに、非常に状態の良い形で復元されたという。

岩はひと抱えほどの小さなものが多いが、数は軽く一〇〇〇個を越える。サークルが七個、うち六つはペアで配置され、残りのひとつは内側に数百もの岩がぎっしりと、おろし金の歯のように詰まっている。三つのペア、独立したひとつのサークルはそれぞれ小さなケルンをともない、さらに石の列が北東－南西方向に尻尾のように延びている。夏至の日の出、あるいは冬至の日没方向だ。現在は視界の開けた場所にあるが、堆積した花粉を調べると、遺跡が造られた当時は周囲に森林が多く、日没点が明確でなかった可能性が高いという。

ベッフモアの遺跡はこれらが全てではない。現在は確認できないが、付近にさらに三つの環が発見されたというし、おそらく周囲の泥炭地にはさらに多くの石の環が埋まっているだろうと考えられている。

上：サークルの中が数百の岩で埋め尽くされている。
左上・下：小さな円形のケルンからは人骨や石斧が見つかっている。全体にサークルの岩よりも、サークルに続く列石の岩の方が大きい。

❖ニューグレンジ、ナウス……ミース州

空を見つめる者

Newgrange, Knowth………Co. Meath, Ireland

イギリス、アイルランドの巨石巡りの最後は、巨石文化の密教の本山のような場所だ。そこは謎めいた言葉で満ちている。

アイルランドの首都ダブリンの北約五〇キロ、ボイン川が南に大きくカーブし、扇形に囲い込む地に、新石器時代の驚くべき施設が残っている。ニューグレンジ、ナウス、ダウスなどの通廊付墳墓群だ。

円形の墳丘で、内部の石室まで長い通路が続いているこの形式の墳墓は、アイルランド北部に集中しているが、ニューグレンジは規模、建築技術、そして外部・内部に残された石彫美術において、同時代のヨーロッパの建造物のなかでも傑出している。

アイルランド北部には新石器時代の墳丘が数多く残っているが、それらはトゥアタ・デー・ダナン（ダーナ神族）という魔術を能くするアイルランド最古の神族の住む世界とされていた。特にニューグレンジ周辺はブルー・ナ・ボーネ（ボインの家）と呼ばれ、「善き神」ダグダ、その息子のオイングスなど、神話の主要な登場人物の住処であった。中には実りの絶えない三本の果樹、食べ物が無尽蔵に出てくる大釜などのある、不老不死の世界があると考えられていた。『アイルランド来寇の書』では、ダーナ神族はスペインからアイルランドに入ったノアの子孫のミールの息子たち（現在のアイルランド人の祖先）に敗れ、地下世界に生きる妖精のような存在になったと説明している。ボイン渓谷の墳墓群の中には異界が広がっていると考えられていたのだ。

直径約九〇メートル弱、高さ約一〇メートル強の円形の土塁と石積みは、四〇〇〇年後のアングロ－ノルマン時代に城塞が建設されるまで、長らくアイルランド最大の建造物だった。入口には、渦巻き、波形、菱形の模様が踊る見事な巨石が横たわる。躍動感あふれる原始美術の傑作だ。造形、石彫技術ともにブリテン島周辺の石彫美術の中で同水準のものはごく限られている。

遺跡の正面部分。上の小さな穴が明かり窓。手前の見事な彫り物は縄文美術に馴染んでいる我々には親しみ深い魅力を持っている。白い石英とグレーの花崗岩で飾られているが、これは全て復元されたものだ。本来は飾り石と入口の間はもっと狭かったという。見学施設として利用しやすいようにつくりかえてある。この模様と非常によく似た石彫がオークニー諸島で見つかっている。ボイン渓谷ではオークニー産のフリントが大量に出土していて、両者の間に緊密なつながりがあったことがうかがわれる。

上：遺跡全景。かつて石積みは崩れていて、1699年に発見されるまで、入り口の存在は知られていなかった。1962年から1975年にかけて発掘と復元がなされ、現在は年間20万人を超える観光客が訪れる施設になっている。外壁があまりに整った形で復元されたことに反発する意見も多い。

左上：冬至の朝日が遺跡の入り口とその上の明かり窓からまっすぐに通路を入ってくる様子。©Department of the Environment, Heritage and Local Government, Ireland

左下：ニューグレンジの内部。壁面に彫られた渦巻きが三つ絡み合った模様は、後のアイルランドのケルト文化とも親和性があり、さらに奇しくもアイルランドの象徴である三つ葉のマークとも似ているため、アイルランド固有の文化の象徴のようにして使われることが多い。©Department of the Environment, Heritage and Local Government, Ireland

内部へと続く細い通路は登り坂になっていて、道の先の石室は十字型に三つに分かれている。石室上部の天井は持ち送り式に岩を組み上げた堅牢な作りで、通路と石室の上部の石組には、中に水が入らないよう排水用の溝が掘られるなど、非常に高度な建築技術が用いられている。内部の壁や天井にも渦巻きや同心円、波形などの模様が多く彫り込まれて、さらに石室のひとつには大きな岩を浅い鉢状に彫り上げた、用途不明の祭祀の用具らしきものが置かれていた。

　ニューグレンジの最大の特徴は、遺跡の内部で起きる、あるイベントだ。冬至の日の朝日が入り口から通路を這うように進み、内部の壁に彫られた模様を浮かび上がらせる。さらに特筆すべきは入り口上部の明かり窓から入った光が真っ直ぐに奥の石室を二〇分ほど照らす作りになっているということだ。

　一七世紀末に、それまで埋もれていた入口が発見されてから、何人かの好古家や学者がこの現象に気づき、ニューグレンジを太陽信仰と結びつける記述、仮説を発表しているが、ほとんどの考古学者は取り合わなかった。一九七〇年代前半のオケリー教授による発掘と大規模な修復で、通路の勾配、明かり窓の構造などが検証され、このイベントは明らかに仕組まれたものであることが確認された。冬至の夕日が石室に入るオークニー諸島のメーズ・ホウ（198頁）のように、遺跡と太陽や月の運行との関連がその後様々に確認されるようになり、現在ではこの仕組みに疑いを持つ者は少ない。

　墳丘の外周には、基部を補強するようにし

18世紀後半に描かれた遺跡内部の見取り図

て大きな縁石がぐるりと配置してある。縁石には螺旋や渦、菱形、波形などの紋様が彫り込んであるが、そのうちの二つには、入口の大岩と同じくらい見事な仕上がりの彫刻が施されている。さらに、墓の周囲には巨石を円形に配したストーンサークルが取り囲んでいる。

非常に規模の大きな、見事な施設なのだが、建造は紀元前三二〇〇年頃と、ブリテン島、アイルランド巨石文化の初期なのだ。歴史の古い西岸のカロウモアの遺跡群（264頁）などと比較しても、技術、表現力ともに遙かに高水準にあり、アイルランドの遺跡群を見渡しても、いきなり、劇的に高度なものが出現したかのようにも見える。これほどのものを作り出す技術的・文化的蓄積が、この周辺で一気になされたのだろうか。フランスはブル

上：周辺の大サークル。墓の建設と同時代、あるいはさらに古いものとも考えられている。
下：縁石52の模様。ニューグレンジでは入口の大石、これともう一つの縁石が傑出している。同じ石工によるものかもしれない。

ターニュのガヴリニス島には非常によく似た形式の通廊付墳墓があり、内部には多数の、ニューグレンジよりもさらに精巧な石彫がある。年代はニューグレンジよりさらに数百年古いので、ブルターニュの巨石文化の強い影響、または人的移動を考える人は多いようだ。

石室からは砕かれた人骨、動物の骨、貴石の装飾品などが見つかったが、量が少なく、埋葬と呼べるような形式ではないため、ニューグレンジは単なる墓ではなく、宗教的な儀式を主目的とした施設ではないかと考える人たちがいる。冬至の朝の光が石室を照らすように作られていること、石彫に太陽などの天体をシンボライズしたように見えるものが多々あることから、この場所を太陽や月に関連が深い宗教的施設と見る人が少なくないのだ。

遺跡の中央から見て入口の反対側、つまり冬至の朝日が通を進む方向の延長線上、また、夏至の日の日没方向でもある位置に置かれた縁石52には非常に印象的な模様が彫られている。岩の中央部分に縦線があり、左右の模様を分けているが、右側には三つの穴のあいた楕円形から花びら状に、環のようなものが広がっている不思議な絵が描かれている（前頁下）。単なる装飾ではなく、何らかの宗教的なシンボルであるように見える。何か光るものを描いているように見える。太陽だろうか。だが核となるものが三つあるのはなぜなのか——。こうした関心は、ニューグレンジの北西にあるナウスの遺跡でさらに謎めいた経路へと引き込まれていく。

ナウスはニューグレンジと同時代のほぼ同規模の通廊付墳墓だ。周囲には衛星のようにして一八の小さなマウンドがとり囲んでいる。石室にはニューグレンジと同じような、大きな石の鉢が置かれていた。

ナウスには「巨石美術」が溢れている。これほど多くの新石器時代の絵画が残っている場所は世界のどこにもない。同時代のヨーロッパの岩絵の四分の一の量だとも言われる。石室内部の石彫は見学できないが、周囲の縁石だけでも一三四個もあり、一つ一つに渦巻きが、波形が、螺旋模様が、ウロコ模様や菱形模様などがびっしりと彫り込まれている。ニューグレンジのものに比べると粗い石彫だが、模様のバリエーションは、他のどの遺跡で見られるものよりもずっと多い。

模様の一つひとつを見ていくと、様々なシンボルを駆使して、自らの世界観を能弁に語っているようにも見えてくる。個々の岩に彫られた模様は、それぞれ独立した表現となっていて、似たパターンの繰り返しではない。ほとんどの考古学者は、こうした模

ニューグレンジの石室の天井（上）と縁石 52（下）の模様。ブリテン島に残るカップ&リング・マークなどよりもはるかに複雑で具象性が高い印象がある。photo©Michael Fox

様の意味を論じることを避けるのだが、これだけ多くの絵があって、その意味をあれこれ想像せずにいることは難しい。当然、好古家の関心はもっぱらこれらの模様の推理に向けられている。やはり、その多くが天体との関連を考えるという方向性だが、ナウスにはそうした考えを単なる個人的想像として片付けられない、重要な根拠がある。

大マウンドの縁石のSW22番という番号がふられた岩の模様（左下）には、二九日間の月の満ち欠けの変化が順番に記されているのだ。三日月で始まり、一五日目に満月になり、新月の前後は渦巻き模様に隠れるようにして描かれている。

月の満ち欠けは上下に波打つ模様と組み合わされているが、それらは月の満ち欠けの周期を振幅で示したもので、つまり全体が月のカレンダーのようなものだと考える人たちがいる。また、月のカレンダーの岩の他にも、縁石には日時計のような形の、やは

ナウスの大マウンドと周辺の小さなマウンドの全景。大マウンドには真東と真西からふたつの通路が通っている。通廊の長さは40メートルと、ヨーロッパの巨石墳墓最長だ。春分と秋分の朝日と夕日が入る設計だったのではないかとも言われるが、元の形と異なる修復がなされたため、確認できなくなっている。photo©Michael Fox

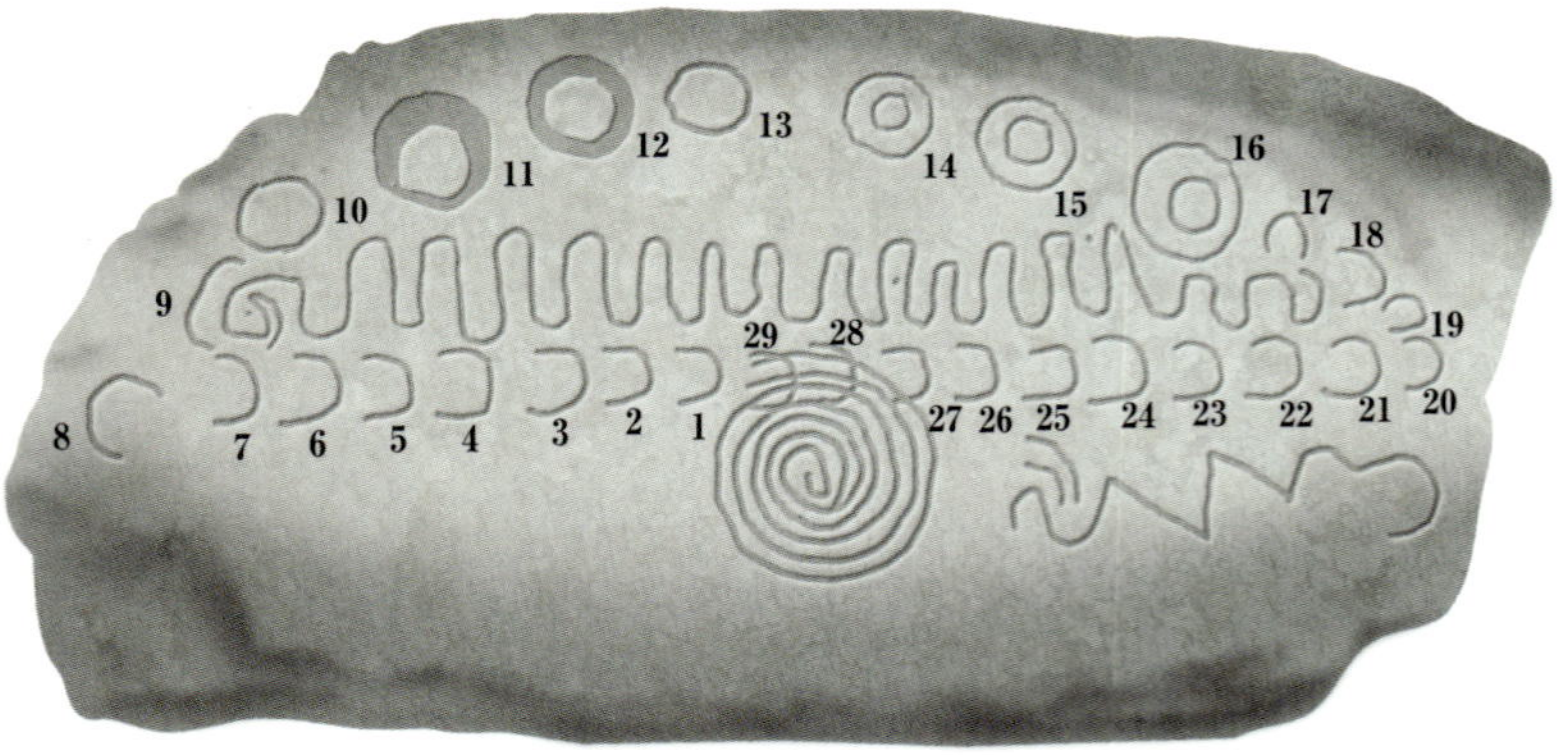

上：ナウスの縁石SW22番の模様。図中の番号のついた形が月の満ち欠けで、29日分、全て実際の月齢と符合する。三日月は10日目から陰の部分がある円になり、14から16日目は二重線の、輝きが強そうな円形で表現されている。再び三日月となり、最後の28、29日目は渦巻きに隠れている。新月だ。渦巻きは闇、それとも、月が見えなくなる時期を支配する何らかの存在を意味するのだろうか。三日月とそれ以外の太った月とを分けている左右に延びる波形を月の満ち欠けの繰り返しのサイクルを示しているとみて、1往復で2カ月と考える人もいる。この波形はナウスの石彫に繰り返し出てくるシンボルだ。

上：縁石NW19の模様。SW22番と同じような波形が描かれ、一部分を区切るような印がついている。仮に波形の一往復を2ヶ月とすると、6往復、月の暦で12カ月分＝1年を示しているとする仮説もある。

縁石に刻まれた様々な模様。右列一番上の岩の上面には「日時計」のような模様がある。その拡大部分が二番目の写真。

り太陽か月の動き、あるいは変化を図示したような模様がある。

　こうしたタイプの石彫はボイン渓谷を中心として、周辺の同時代のいくつかの墳墓の中に見られる。たとえば、さらに西に八〇キロほどのところにあるロッホクルーの墳墓群には、石室内に太陽や星を描いたような絵が残っている。春分・秋分の日の朝日が墓の入口の隙間から入り、奥にある岩絵のちょうど太陽のようなマークの部分を照らすという報告がある。

「カレンダー石」説を最初に唱えたのは、アイリッシュ系アメリカ人、マーティン・ブレナンだった。彼は一九七〇年代から繰り返し遺跡を訪れ、夏至、冬至、春分・秋分の日の太陽や月の光の動きと遺跡の通路の方向との関連、入り口に置かれた岩の模様の上に落ちる影の形、石室内に入る光の動きと石の模様との関連などを細かく記録していた。一九八三年に発表された著書『星々と石』で、ブレナンはニューグレンジやナウスの岩絵のシンボルを丹念に書き起こし、分類し、解釈を試みている。ボイン渓谷の遺跡群は月や太陽の運行を測り、正確に時を知るための施設であり、天体観測の場であったとする彼の説は、巨石文化と天文学との関連を考える人たちの間で大きな反響を呼び、現在に至っている。

　石器時代の石彫絵画に対しては、一切の意味づけを退ける態度から、岩の細かな凹凸まで人の顔や何らかのシンボルとして読み取ろうとするかなり強引な解読まで、振幅が大きい。解釈しようとすると、絵の中に自分が見つけたい要素だけを探しにいくような手法にも陥りやすい。ナウスにある岩絵の全てが天体に関連するものかどうかはわからないし、関連があったとしても実用的なものだったかはわからない。これらの絵はシャーマンや祈禱師のような人物が、一種のトランス、半覚醒のような状態で見たヴィジョンだろうと考える人も多い。ただ、岩絵のいくつかを見るかぎり、また、遺跡の構造と太陽との関連などを考えると、彼らが月や太陽、あるいは星などの天体の動きに強い関心を持ち、それが彼らの世界観の重要な要素であったことは確かだと言っていいのではないだろうか。

　同様の通廊付墳墓と岩絵はアイルランド北部、東部の数カ所、ウェールズのアングルシー島に残っているが、ボイン渓谷の遺跡やロッホクルーほどの量と水準の高さはない。ブリテン島のカップ&リングマークはアイルランドの岩絵と関連がありそうだが、ニューグレンジ、ナウスのような表現の幅広さは持っていない。岩絵という面に限って言えば、ボイン周辺に花開いた文化はそれ以上の大きな展開をみることなく、拡散し、希薄化し、かつて持っていた表現力を失っていったようにも見える。

ロッホクルーの遺跡の内部にある岩絵のひとつ。車輪状のマークの部分に春分の日の光が当たるという。この形はスコットランドなどでも見られる。photo©Michael Fox

上：縁石NW4番。月の満ち欠けを示したSW22と同じような模様が彫られている。
下：縁石SE2。最も複雑な模様が彫られた縁石のひとつ。渦巻きや波形に加え、矩形やジグザグ模様が複雑にからんでいる。

巨石文化は青銅器時代の到来後も続き、ストーンヘンジやエイヴベリーのような途方もない規模の施設の建設までに至っているし、岩の配置と太陽や月の位置を関連づけている施設は造り続けられたが、ボイン渓谷を中心とした岩絵の文化、自らを語るかのような表現力豊かなビジュアルな文化は、長い巨石文化の流れの中でも非常に特殊で、短命であったように見える。ボイン渓谷の住民は、特別に絵画的表現に熱心な人たちだったのだろうか。または、ごく限られた期間、特殊な文化・宗教が生まれ、そして受け継がれることなく絶えたのだろうか。

ニューグレンジが造られた時代から、ストーンヘンジが使われていた時代までには約一〇〇〇年の時の幅がある。この間、道具は石器から青銅器へと変わり、より組織的な農耕が行なわれるようになり、社会構造もより複雑化していったとみられている。巨石施設の作り手も異なる民族、異なる文化的背景を持った人々であったかもしれない。

巨石の時代にはいくつかの転換期がみとめられているが、最も大きなターニングポイントとして、紀元前三二〇〇年から二九〇〇年頃という時代が着目されている。オーブリー・バールが後期新石器時代の「暗黒時代」と呼ぶこの時代には、それまで使用されていた多くの石室墓が次々と放棄され、農地であった場所の多くから収穫の痕跡が消えている。さらに、アイルランドのオーク、スコットランドの松の年輪を調べると、紀元前三一九〇年頃に突然の寒冷化、多雨化による極端な発育不良がみとめられるという。

この時期にはアイスランドで火山の噴火があったとみられ、グリーンランドの地層からは、有毒な雨が降り注いだ形跡が見つ

上：ナウスの中で発見されたフリント製の鎚矛の頭部。鎚矛は権威、権力の象徴とも言われる。
©Department of the Environment, Heritage and Local Government, Ireland
左：ナウスの石室内部。手前に石の鉢があり、奥の壁面には三日月、星のマークなどが彫られている。石の鉢は水をためておき、石室内に入った陽の光が当たるように、真っ暗な石室内に差した光を「つかまえる」ためのものだったのではないかとも言われる。©Tom Kumpf

上：ナウスの東側の入り口の脇にある男女を象徴しているとも考えられている一対の巨石と敷き詰められた白い石英。ナウスにはブリテン島の巨石文化でみられる様々な要素の見本といえるものが揃っている。マーティン・ブレナンによれば、春分・秋分の日に長い石柱の影が入り口の前の岩の模様の中央の縦線に合致するという。
右上：ナウスにあるウッド・サークルを復元したもの。

かっている。こうした有毒な雨、さらに吹き上げられた粉塵が大気中にとどまることによる長年の天候不順が、極端な食糧不足をもたらし、それによって非常に大きな社会的・文化的変動があったのではないかともみられている。

オーブリー・バールは、この時期に大きな宗教上の変化があり、石室墓という、祖霊の住む、地中の閉じた空間を中心に成り立っていた信仰が支持されなくなり、墳墓から独立したストーンサークルという、オープンエアの、天体との関わりを重視するものへと変化したのではないかという仮説を立てている。

ボイン渓谷の遺跡の年代は、ちょうどこの変換期に重なる。ひとつの文化的高揚が環境の変化によって急激に衰えた、あるいは変換期に生まれた特殊な信仰が、長続きすることなく終わったのかもしれないと、想像することはできる。

ニューグレンジには巨石を用いたサークルがあり、ナウスにはストーンヘンジの近くにあったとみられているウッドヘンジのようなものもある。岩絵の一部の様式はブリテン島、オークニー、果ては遠くスペインにも見いだせる。ボイン渓谷には数世紀後にブリテン島周辺に開花した様々な文化のエッセンスがあるようにも見えるのだが、全ては暗示的であり、巨石文化の興り、伝播、その担い手の姿は依然として謎につつまれている。

巨石は、数千年という時の経過に耐えた、彼らの文化の骨格のようなものだ。そこにどのような肉付きがなされていたのか、どのような衣装を纏っていたのか、知る手がかりは非常に少ない。その中で、ボイン渓谷は、最も多くの言葉を残した、それでいて、最も謎めいた都だ。それは「光の人々」とも呼ばれたトゥアタ・デー・ダナンが棲む不死の世界の伝説のように、巨石文化の黎明期に花開いた魔法の都であり、作り手の姿は内部へと続く通廊の奥の闇に消えた。

アマチュア研究家を中心に岩絵の意味を推し量る試みは様々になされているが、ナウスの岩絵は解かれることのない言葉＝エニグマとして残り続けるのだと思う。

あとがき

　二〇〇四年八月上旬の朝四時過ぎ、私はエイヴベリーの巨石の傍らを歩いていた。二度目の訪問だった。初回は旅の初日に慌ただしく訪れたが、今回は旅程の最後に組み入れ、ゆっくりと時間をとることにした。後は二、三時間車を運転し、飛行機に乗って日本に帰るだけだ。旅の終わりの名残惜しさに、眠気を抑えて、東の空が赤く染まり、遺跡に朝日が差すところを見てみようかと思ったのだ。

　数千年前のこの場所でも、陽が昇ってくるのを待つ人々がいたのだろうか。それは篝火のもとで夜を徹して行なわれる祝祭の後だったたか、あるいは未明から静かに時を待つ厳かな時間だったのか——。数千年の間に周囲の環境は大きく変わってしまったので、彼等が目にしていた風景はもうないが、朝の最初の光が巨石を照らす情景に、そのかすかな残照でも感じられるだろうかという、漠然とした思いがあった。

　夜露に濡れた草を踏みしめ歩くうち、遺跡の中には霧がたちこめ、次第に濃く沈殿してきた。霧はヘンジの深い堀の中を白く太い蛇のように重くうねりながらゆっくりと動いている。日の出の時間には、もはや遠くの岩の輪郭すらぼんやりとして定かでなかった。おそらく「レッド・ライオン」で夜を徹して飲んでいたであろう数人の男女が岩の窪みに小さなろうそくを灯し、ふざけ合っている声が響いていたが、あたりが白々としてくる頃には彼らも去り、羊たちが一斉に草を食む音だけが響いていた。

　岩の周りを歩きながら朝日を待ったが叶わず、結局二時間ほどして、太陽はどろりとした乳白の霧の膜の向こうに、じんわりと現れた。曇天の中を車を走らせ帰路についた——。

❖

「エイヴベリーの美しさを完全に享受するためには、イマジネーションを広げ、古代人と同じような思考になる必要があるのだ」と、ステュークリは語った。彼は巨石の傍らに立つ「気高き野蛮人」の姿を追い求め、その輪郭をとらえたと確信していた。だが、彼が注視していたのは、岩に落ちた自らの影、いわば古代人の扮装をした自身の姿だった。今でも彼と同様、「理想の古代」を追い求めて遺跡を訪れる人は多い。近年は「エネルギーをもらいに」行く人も大勢いる。そこにあるのは大昔にうち捨てられた大きな岩ばかりなのだが、おそらく皆、それぞれ異なった何かを得て帰るのだろう。ウェールズの石について語ったウィルト・サイクスの言葉通り、「石は人の願望に合わせて自在に姿を変える」のだ。

「どうして君は遠く日本から繰り返しここに来ようと思うんだ？　石に呼ばれるような気がするかい？　そういう人は多いんだよ」二〇〇五年に三度目に訪れた際、エイヴベリーの民宿の主人にきかれた。

「うん、そうかもね」と、私は曖昧な返事をした。そう答えてほ

しそうな彼の気分に合わせたつもりだった。

確かに、私はなぜ繰り返しエイヴベリーを訪れているのだろう。この本を書き終えて、もう一度、彼の質問に答えるつもりで自問してみた。「石が呼ぶ?」そんなことを考えたこともなかったし、石に神秘的な力があるかどうかについては、それほど関心もない。

五〇〇〇年前の人たちが何を信じ、何を願い、何を楽しみに生きていたのか、私にはよくわからない。わかるはずがないと思っている。五〇〇〇年はおろか五〇年前に生きた人たちの心のありようすら容易にわからないのだ。だが、エイヴベリーの巨石を見るたびに強く心を動かされる。それは、人間の文化表現の奥底にある不可解さに触れるような思いだ。歪な節くれ立ったサーセン石の表面の凹凸が、理不尽ともいえるほどの抑えがたい情動の剝き身のまま石化したかのように見え、自らの内なる「原始」をも揺り動かされんという思いに、慄然とするのだ——。

いや、これではステュークリと同じになってしまう。それほど大げさなものではない。私は単にこの風景が好きなのだ。それが石器時代のものだからではなく、ケルトの民が造ったものであったとしてもどちらでもいいのだ。岩の間を歩いていると、自分がいつの時代のどこにいるのかわからなくなってくる、一九二〇年代の超現実派の画家たちが描いたどこにもあり得ない風景の中を散歩しているような心持ちになる、そんな時間が好きなのだ。そして、この五〇〇〇年前の人たちが造った度を超して大きな石の庭を、私はとても美しいと思う。

一〇年余にわたってブリテン島とアイルランドの遺跡を写真におさめてきた。ルイス島のカラニッシュ、オークニー諸島を訪れて以来、巨石の魅力にとらわれてしまった。何かとムキになりやすい質ゆえ、度々、無謀な旅程で島中を走り回った。そのため、何度もイギリスを訪れているわりにはロンドンの街すらほとんど歩いていない。気がつけば牛の糞を除けながら野原をうろついている。ある年などはオムツのとれたばかりの娘を乗せ、「大人は石を見て歩くものなんだよ」と嘘をつき、ブリテン島の南西の端から北端まで縦断した。我ながら何ともバランスの悪い旅をしてきたと思う。これまで辛抱強く付き合ってくれ、執筆を応援してくれた家族に感謝したい。

本書を書くにあたっては様々な書籍、地元で発行している小冊子、ネット上の情報などに依拠した。特に、遺跡にまつわる伝説、物語は私自身が直接収集したものではなく、全て多くの好古家たちの業績に負っている。近代における巨石探求の歴史は好古家たちの想像力・探求心の歴史だ。彼らの熱意に敬意を表したい。

以下、特に参考にした書籍を記しておく。

Martin Brennan, *The Stars and the Stones*, Thames and Hudson, 1983.
Aubrey Burl, *Prehistoric Avebury*, Yale University Press, 1979, 2002.
Aubrey Burl, *A Guide to the Stone Circles of Britain*, Ireland and Brittany, Yale University Press, 1995.
Aubrey Burl, *Great Stone Circles*, Yale University Press, 1999.
Aubrey Burl, *The Stone Circles of Britain, Ireland and Brittany*, Yale University Press, 2000.
Christopher Chippindale, *Stonehenge Complete*, Thames & Hudson, 1983.
Julian Cope, *The Megalithic European*, Element, 2004.

Julian Cope, *The Modern Antiquarian*, Thorsons, 1998.

David Corio, Lai Ngan Corio, *Megaliths*, Jonathan Cape, 2003.

Leslie V. Grinsell, *Folklore of prehistoric sites in Britain*, David & Charles, 1976.

Max Milligan, *Circles of Stone: Prehistoric Rings of Britain & Ireland*, The Harvill Press, 1999.

Michael J. O'Kelly, *Newgrange*, Thames & Hudson, 1982.

Wirt Sikes, *British Goblins: Welsh Folklore, Fairy Mythology, Legends and Traditions*, James R. Osgood and Company, 1881.

David Souden, *Stonehenge: Mysteries of the Stones and Landscape*, Collins & Brown, 1997.

Ruth E.St.Leger-Gordon, *The Witchcraft and Folklore of Dartmoor*, Peninsula Press, 1965, 2001.

W・B・イエイツ『ケルトの薄明』井村君江訳、ちくま文庫、一九九三年。

ミランダ・J・グリーン『図説ドルイド』井村君江監訳、大出健訳、東京書籍、二〇〇〇年。

ピーター・ジェイムズ、ニック・ソープ『古代文明の謎はどこまで解けたかII』皆神龍太郎監修、福岡洋一訳、太田出版、二〇〇四年。

フランク・ディレイニー『ケルトの神話・伝説』鶴岡真弓訳、創元社、二〇〇〇年。

スチュアート・ピゴット『ケルトの賢者「ドルイド」』鶴岡真弓訳、講談社、二〇〇〇年。

フランシス・ヒッチング『謎の巨石文明』吉岡景昭訳、白揚社、一九八〇年。

ナイジェル・ペニック、『レイライン――大地をつらぬく神秘』五十嵐洋子訳、主婦と生活社、一九九八年。

ジャン－ピエール・モエン『巨石文化の謎』蔵持不三也監修、後藤淳一＋南條郁子訳、創元社、二〇〇〇年。

『マビノギオン――中世ウェールズ幻想物語集』中野節子訳、ＪＵＬＡ出版局、二〇〇〇年。

本書の執筆にあたっては、様々な方に助けていただいた。原稿を読んでいただき、有効なご意見をくださった寺田祐司さん、詩の翻訳をしてくださった北沢格さん、林啓恵さん、月の軌道に関して教えてくださった国立天文台の渡部潤一さん、貴重な写真を提供してくれたTom Kumpf, Michael Fox, Phil Ellery, 図版制作を手伝ってくれた菅谷アキヨシさん、ウェールズの地名の発音について教えてくださった「ウェールズ語を話す会」の方に心よりお礼申し上げたい。

また、早川書房の小都一郎氏には大変お世話になった。そもそも彼が私のウェブ・サイトを見て、文筆の経験のほとんどない私に出版を勧めてくださらなかったら、このような形で本になることはなかっただろう。石ばかりの写真文集という極端な企画を支持してくださった氏に感謝申し上げたい。

二〇〇六年　六月　池袋にて

一八・六年に一度、月が最も南寄りの空を通る年

山田英春

山田英春
（やまだ・ひではる）
1962年東京生まれ。
1985年国際基督教大学教養学部卒。
出版社勤務を経て現在ブック・デザイナー。
1990年代前半からイギリス・アイルランドを訪れ古代遺跡の写真を撮り歩く。
web site：Lithos graphics ～風景の中の石、石の中の風景
http://www.lithos-graphics.com

巨石《きょせき》
イギリス・アイルランドの古代を歩く

2006年6月20日　初版印刷
2006年6月30日　初版発行

著者……山田英春
発行者……早川 浩
印刷所……精文堂印刷株式会社
製本所……大口製本印刷株式会社
造本・装幀……山田英春

発行所……株式会社早川書房
東京都千代田区神田多町 2-2　電話　03-3252-3111（大代表）
振替　00160-3-47799
http://www.hayakawa-online.co.jp

定価はカバーに表示してあります
ISBN4-15-208740-4　C0022　Printed and bound in Japan